Elisabeth Mayer und Michael Diewald

Wildfrucht-Rezepte

Süß & pikant

Stocker

Elisabeth Mayer und Michael Diewald

Wildfrucht-Rezepte

Süß & pikant

Leopold Stocker Verlag
Graz – Stuttgart

Umschlaggestaltung:
DSR Werbeagentur Rypka GmbH, 8143 Dobl/Graz, www.rypka.at
Titelbild: Mona Lorenz, Gmunden

Bildnachweis:
Bilderwerk Wien; Beatrix Fiala: 26; Dr. Roland Berger: 13; Günther Blaich, Mannheim: 55, 83, 86, 121 oben, 148, 152, 172, 186 links und rechts; Michael Diewald: 137, 144; Ute Gaigg, Spital am Pyhrn: 67, 77, 98, 178; Walter Gaigg, Steyerling: 61, 74, 88, 136, 151, 170; Günter Grüner: U4 ganz oben und ganz unten, 33, 36, 52, 94, 104, 107, 115, 116, 117, 139, 157, 160, 164, 177; Monika Halbritter: U4 2. v. oben, 24, 31, 35, 57 oben, 58, 95, 96 oben, 148 oben; Günter Hauer, Graz: 159; Wilhelm Hufnagl, Jennersdorf: 38; Georg Innerhofer, Obervogau: 113; Günter Kronawetter: 101; Marina Lochstampfer, Flora Foto, Langenhagen: 182, 186 Mitte; Daria Mascha: U4 Mitte und 2. v. unten, 19, 42 f., 49, 64 f., 67 oben, 69, 70, 71, 72, 73, 78, 80, 82, 84 f., 87, 91, 98 oben, 100 oben, 106, 124 f., 149 f., 156, 170 unten, 178 oben, 179; Mona Lorenz, Gmunden: 21, 25, 29 f., 32, 34, 41, 44, 46, 54, 62, 79, 88, 92, 108, 110, 112, 119, 127, 134 f., 154, 158, 163, 165 f., 184; Heike Pekarz, Graz: 76, 142; Helmut Pirc, Wien: 81, 103, 132, 146, 175; Archiv Leopold Stocker Verlag, Graz: 40; Dierck Dorra, Hamburg: 22.
Die restlichen Bilder wurden dem Verlag dankenswerterweise von der Autorin zur Verfügung gestellt.

Bibliografische Information der Deutschen Nationalbibliothek
Die Deutsche Nationalbibliothek verzeichnet diese Publikation in der Deutschen Nationalbibliografie; detaillierte bibliografische Daten sind im Internet unter http://dnb.d-nb.de abrufbar.

Hinweis: Dieses Buch wurde auf chlorfrei gebleichtem Papier gedruckt. Die zum Schutz vor Verschmutzung verwendete Einschweißfolie ist aus Polyethylen chlor- und schwefelfrei hergestellt. Diese umweltfreundliche Folie verhält sich grundwasserneutral, ist voll recyclingfähig und verbrennt in Müllverbrennungsanlagen völlig ungiftig.

Auf Wunsch senden wir Ihnen gerne kostenlos unser Verlagsverzeichnis zu:
Leopold Stocker Verlag GmbH
Hofgasse 5 / Postfach 438
A-8011 Graz
Tel.: +43 (0)316/82 16 36
Fax: +43 (0)316/83 56 12
E-Mail: stocker-verlag@stocker-verlag.com
www.stocker-verlag.com

ISBN 978-3-7020-1347-9

Layout und Repro: DSR Werbeagentur Rypka GmbH, 8143 Dobl/Graz
Druck: Druckerei Theiss GmbH., A-9431 St. Stefan

Inhalt

Elisabeth Mayer und Michael Diewald

Vorwort

Meine große Tochter Rosa-Maria ist jetzt zwölf Jahre alt. Sie war von Anfang an auf unseren Kräuterwanderungen mit dabei und isst nicht nur leidenschaftlich gerne Sushi und Bratkartoffeln mit Ketchup, sondern auch Hagebutten frisch vom Strauch, Bärlauch und eingelegte Schwammerln. Sie ist die wichtigste Wildfruchtsammlerin in unserem großen Garten und in der näheren Umgebung geworden und ihr verdanken wir so manches Glas köstliche Waldbrombeermarmelade, Sanddorngelee und eingelegte Pilze.

Seit der ersten Auflage dieses Buches ist noch eine Fachexpertin dazugekommen: Violetta, besonders spezialisiert auf Himbeeren und Walderdbeeren, die, zumeist schön auf Gräser gefädelt, auf unserem Tisch landen. Und die beim Sammeln auch immer ein Auge auf Raupen, Käfer und Schmetterlinge hat.

Wir drei lieben es nach wie vor, durch die nähere Umgebung unseres Hauses zu streifen und zu sammeln, was die Natur uns an Schätzen bietet. Es ist eine Freude mit anzusehen, wie sich meine Kinder über Pilze, jede Früchte, aber auch über andere Fundstücke aus der Natur begeistert zeigen.

Auch die vielen Hundert Kinder, die uns schon auf unseren Kräuterwanderungen begleitet haben, sind auf den Geschmack und den Spaß des Selbersuchens und Sammelns gekommen. Jede Wanderung ist ein eindrucksvolles Erlebnis, das uns miteinander, mit den Pflanzen, die wir entdecken, sowie mit der Landschaft, in der wir uns bewegen, verbindet und uns auch zu unseren eigenen Wurzeln des Jägers und Sammlers zurückführt. Es macht viel Spaß, diese Schätze der Natur gemeinsam zuzubereiten und zu verspeisen, und noch mehr Spaß macht es, zu besonderen Anlässen die verschiedenartigsten süßen und pikanten Speisen je nach Jahreszeit zusammenzustellen und zu einem üppig dekorierten „Blühenden“ Buffet auszugestalten.

Dieses Buch sei all jenen gewidmet, welche sich und ihre Kinder durch dieses Schlaraffenland führen möchten, weiters allen Kindern, die diesen Schatz des Pflanzen-Kennens und Pflanzen-Verwenden-Könnens in ihrem Leben weitertragen werden, und schließlich allen Sammlern, die mit offenen Augen und Körben gerne durch die Landschaft wandern.

Mein Wildfrüchte-Koch-Freund Michael Diewald ist solch ein Wanderer, der stets mit offenen Augen unterwegs ist, von seinen Ausflügen mit vollen Taschen heimkehrt und aus seinen Funden die herrlichsten Speisen kreiert. Er zaubert darüber hinaus so wunderbare Konfekt-Kreationen, die er mit verzuckerten Blüten oder kandierten Wildfrüchten „krönt", dass ich ihn bat, mir einige seiner Rezepte für das vorliegende Buch zu überlassen.

Gemeinsam haben wir schon viele große und kleine „Blühende" Buffets geplant, gekocht und aufgebaut und dabei ebenso viel Spaß gehabt wie die vielen Augen, Nasen und Gaumen, die unsere süßen und pikanten Erfindungen dann genossen haben. Und von den meisten Buffets blieb nicht einmal die Dekoration übrig, da sie in Form von Blüten, Beeren und Wildfrüchten auch essbar ist. Auch er gibt mittlerweile sein Wissen an seine kleine Tochter Mira weiter und sein Konfekt an begeisterte Feinschmecker in seinem eigenen Geschäftslokal. Vielen Dank für die spannende und entdeckungsreiche Freundschaft, lieber Michael!

Ich wünsche Ihnen viel Spaß bei dieser kulinarischen Entdeckungsreise durch unsere Wälder und Wiesen!

Ganz besonders danken möchte ich den Fotografen des vorliegenden Buches, die in ihrer Freizeit sehr liebevolle Speisenfotos entstehen ließen. Und vielen Dank auch an Sie, liebe Leser, dass Sie durch ihr Interesse an der Natur wieder viel vom vergessenen Wissen entstehen, sich entfalten lassen und weitertragen!

Die Kräuterfee, Elisabeth Maria Mayer
Reitsham, im Frühjahr 2012

Die Autoren

DI Elisabeth Mayer ist Fachbuchautorin, leidenschaftliche Gartenbesitzerin des Traumgarten Tannberg und Veranstalterin von Wildkräuter-Workshops und Kochkursen sowie Gartengestalterin besonderer Gärten. Informationen dazu finden Sie unter: www.kraeuter-fee.at.

Michael Diewald ist leidenschaftlicher Hobbykoch und leitet die Pralinenwerkstatt „Blühendes Konfekt" in Wien – eine wahre Augen- und Gaumenfreude!

Weiteres unter: www.bluehendes-konfekt.com

Wie dieses Buch verwendet werden soll

Wie auch meine Bücher „Wildfrüchte, -gemüse, -kräuter – Erkennen, Sammeln & Genießen“ sowie “Noch mehr Wildfrüchte, -gemüse, -kräuter – Erkennen, Sammeln, Genießen” ist auch das vorliegende Werk für den interessierten Wanderer gedacht, der gerne Pflanzen sucht, richtig erkennt, sammelt, weiterverarbeitet und natürlich verkostet.

Aber auch für experimentierfreudige Köche und Köchinnen sind die enthaltenen Rezepte sehr wertvoll, da viele der beschriebenen Wildfrüchte und Pilze saisonal auf gut sortierten Märkten zu finden und bei Bedarf auch durch Zuchtsorten ersetzbar sind. Alle beschriebenen Pflanzen sind in Mitteleuropa heimisch und stark verbreitet, viele von ihnen sind nicht nur als Wildform in Weinbergen, Wäldern und an Waldrändern zu finden, sondern gedeihen auch als Obstsorten in unseren Gärten oder Plantagen bzw. als Zierpflanzen in Parkanlagen.

Wie auch in meinen anderen Büchern sind die Pflanzen im Jahreslauf nach der Pflückreife sortiert, um eine größere Übersichtlichkeit und ein leichteres Sammeln zu gewährleisten. Die Reifezeiten der Wildfrüchte sind für etwa 400 Höhenmeter im Weinbauklima angegeben; je nach Höhenlage und Verschiebung des Suchgebietes nach Süden ergeben sich jeweils um etwa 10 Tage spätere bzw. frühere Sammelzeiten.

So sind z. B. die Holunderbeeren in Wien-Stadt bereits Mitte August zu finden, in Vorarlberg-Rheintal dagegen erst Anfang September.

Auf einer Kräuterwanderung können die Pflanzen auf ihrem natürlichen Standort kennengelernt werden.

Im vorliegenden Buch sind ausschließlich Wildfrüchte und verwilderte Obstsorten beschrieben; da Pilze, botanisch gesehen, auch zu den Früchten gehören, wurden die bekanntesten, auch am Markt erhältlichen Sorten ebenfalls mit aufgenommen.

Sie finden neben dem **deutschen** und **lateinischen Pflanzennamen** eine möglichst einfach gehaltene, bildhafte Beschreibung in **„Botanische Merkmale und Standort"**, die Ihnen das Suchen und Finden erleichtern soll. Wenn Sie botanisch noch nicht so versiert sind, ist es von Vorteil, ein bebildertes Bestimmungsbuch oder einen Pilzführer beizuziehen bzw. selbst an einer Kräuterwanderung teilzunehmen.

Suchen Sie zuerst am angegebenen Standort!

Für die erste Suche nach Ihnen noch nicht bekannten Pflanzen beschränken Sie sich am besten auf den angegebenen Standort, um leichter fündig zu werden. Ist Ihr Auge einmal geschult und kennen Sie bereits viele Wildfrüchte, werden Sie überall – ja, tatsächlich überall – Ihnen bekannte Pflanzen finden und meist mit vollen Taschen nach Hause kommen. Die darauf folgenden **„Pflückhinweise und Sammeltipps"** enthalten meine Erfahrungen zum Auffinden und Sammeln der betreffenden Pflanze. Praktischste Pflückweise, schonendster Transport und allerlei kleine Tricks rund ums Sammeln sind hier nachzulesen. Unter **„Verwendung in der Wildfrüchteküche"** finden Sie Wissenswertes zur Verwendbarkeit der Früchte: überlieferte Heilrezepte und Tees aus der Volksheilkunde sowie eine kurze Anmerkung über die älteste Verwendung in der Wildfrüchteküche unserer Vorfahren wie auch Grundsätzliches zur Verwendbarkeit und Weiterverarbeitung in der modernen Wildfrüchteküche.

Dann folgt der Rezeptteil **„Unsere Lieblingsrezepte“**, welcher viele interessante und schmackhafte Rezepte enthält, die problemlos nachzukochen sind: Beerengelees, Wildfruchtmarmeladen und -kompotte, üppige Torten und pikant gefülltes Kleingebäck sind ebenso darin enthalten wie Fruchtsirupe und -liköre, Chutneys, süß-sauer eingelegte Wildfrüchte und Pilze sowie pikant und süß gefüllte Teigtaschen. Zu unseren Lieblingsrezepten gehören auch noch viele geschmacklich einzigartige Konfektsorten sowie Dörrfrüchte in Schokolade, süße Pilze und selbstgemachtes Maronimarzipan.

Aus all diesen Rezepten lassen sich je nach Anlass und Jahreszeit ganz besondere Buffet-Arrangements mit entsprechender Dekoration, Vorspeisenzusammenstellung und Dessertauswahl zusammenstellen.

Die geschmackliche Vielfalt all dieser Häppchen und Süßigkeiten wird so manchen Kenner staunen lassen!

Grundsätzliches zum Sammeln von Wildfrüchten

1. Sammeln Sie ausschließlich Wildfrüchte und Beeren, die Sie eindeutig kennen, denn nicht nur bei Kräutern, auch bei Beeren und Früchten gibt es Doppelgänger und Verwechslungsmöglichkeiten mit ungenießbaren oder gar giftigen Pflanzen. Hierzu zählen Einbeeren, Heckenkirsche, Seidelbast, Tollkirsche, Rossholler, der Fruchtstand des Aronstabes und des Maiglöckchens, beide mit leuchtend roten Beeren. Ziehen Sie ein Bestimmungsbuch zu Rate, falls Sie unsicher sind, oder, besser noch, besuchen Sie eine Kräuterwanderung, auf der Sie alle Pflanzen in natura sehen.

2. Gehen Sie sorgsam und ehrfurchtsvoll mit den Schätzen der Natur um. Sammeln Sie nur so viel, wie Sie brauchen und verarbeiten können. Lassen Sie stets etwas zurück für andere Feinschmecker!

3. Sammeln Sie die am Boden wachsenden Wildfrüchte (Erdbeeren, Heidelbeeren u. a.) nicht am Weges- oder Straßenrand, da hier eine stärkere Verschmutzung gegeben ist, und auch nicht um erhöhte Stellen wie etwa Baumstrünke, da diese mit Vorliebe von Hunden und Füchsen zum Markieren aufgesucht werden. Auf diese Weise können Sie auch das Risiko des Fuchsbandwurmes weiter minimieren.

4. Sammeln Sie ausschließlich von sauberen Standorten und lassen Sie jene Früchte, die ganz in Bodennähe wachsen, hängen, dann brauchen Sie die Früchte nicht zu waschen. Dadurch wird ein Aromaverlust vermieden.

5. Sammeln Sie Wildfrüchte stets in gutem Reifezustand, niemals unreif oder nass von Regen oder Tau, da die Früchte dann weniger aromatisch sind und auch schneller ver-

derben. Manche unreifen Beeren sind auch ungenießbar, wie beispielsweise die Durchfall bewirkenden Früchte des Schwarzen Holunders.

6. Nehmen Sie sich viel Zeit und Muße für Ihre Sammelspaziergänge, aber auch fürs Weiterverarbeiten und Genießen. So wird es ein Erlebnis für die ganze Familie!

7. Überlegen Sie sich schon vor der Ernte geeignete Verwendungsmöglichkeiten und suchen Sie nach passenden Rezepten, die Sie ausprobieren möchten. Bei Wildfrüchten, deren Geschmack Sie noch nicht kennen, ist es ratsam, erst einmal kleine Mengen zu sammeln, zu verarbeiten und zu verkosten. Die Geschmäcker sind bekanntlich verschieden, was sich besonders bei neuen Aromen und Rezepten zeigt.

8. Lesen Sie sich vor dem Sammeln das Rezept, das Sie versuchen möchten, mindestens einmal langsam durch, um sich darauf einzustimmen, und überlegen Sie, welche Zutaten Sie noch besorgen müssen und wie viele Früchte zu sammeln sind.

9. Sammeln Sie so schonend wie möglich, denn Sie sind nur einer von vielen Nutzern dieser Pflanze! Reißen Sie niemals Äste ab und verzichten Sie auf die Verwendung eines Ernterechens für Heidelbeeren, Preiselbeeren oder Sanddorn, da die Pflanzen dadurch sehr viele Blätter verlieren. Besonders bei der mühsamen Sanddornernte gehen die Leute oft sehr grob vor und schneiden meterlange Äste vom Strauch, um die Früchte bequemer ernten zu können. Der Sanddorn ist ein langsamwüchsiger Strauch, der am mehrjährigen Holz trägt. Daher wird er in seiner Entwicklung um viele Jahre zurückgeworfen, wenn er so rücksichtslos behandelt wird. Daher sollte gelten: Wenn Sie keine Zeit und Muße für die Wildfrüchteernte haben, lassen Sie dies lieber sein.

10. Sammeln Sie immer auch einige Blättchen oder Blüten für Dekorationszwecke.

11. Transportieren Sie Ihr Erntegut sorgsam in Kübeln oder Körbchen. Papiertaschen eignen sich nur bedingt, da sie beim Transport saftiger Früchte schnell durchweichen und reißen. Plastiktaschen sind für den Transport von Wildfrüchten ungeeignet, da die Früchte zu schwitzen beginnen und schneller verderben. Sehr gut bewährt haben sich Fischerkörbchen, da diese zur Ernte umgeschnallt werden können und einen Deckel mit Schnalle besitzen, so dass auch bei Klettertouren nichts herausfällt und ein ebenso luftiger Transport der Ernte garantiert ist wie mit herkömmlichen Körbchen.

12. Wildfrüchte sind ganz besondere Schätze der Natur, die an Aroma, Farbenvielfalt und Gesundheitswert nicht so schnell ihresgleichen finden. Seien Sie sich dessen bewusst und verarbeiten Sie sie auch entsprechend!

13. Seien Sie sich stehts dessen bewusst, dass Pflanzen viele Jahrtausende länger auf diesem Planeten leben als wir, und behandeln Sie sie mit dem nötigen Respekt, den man seinen Ahnen entgegenbringt. Beachten Sie Traditionen und Bräuche und zeigen Sie Ehrfurcht vor den Pflanzen.

Auch kleine Wildfrüchte-Sammler helfen beim Verarbeiten der gesammelten Schätze mit.

Grundsätzliches zum Verarbeiten von Wildfrüchten

1. Verarbeiten Sie die gesammelten Früchte stets noch am selben Tag, solange sie noch frisch sind. Beeren verderben besonders schnell. Bestreuen Sie sie bis zum Verarbeiten mit Zucker oder Gelierzucker, so werden sie etwa 24 Stunden länger konserviert.

2. Vermeiden Sie unnötiges Waschen, es vermindert nur das Aroma. Wenn Sie an sauberen Standorten gesammelt haben, sind die Früchte ohnedies sauber.

3. Verwenden Sie nur hochwertigste Zutaten wie Honig, braunen Zucker, Apfelessig und kaltgepresstes Olivenöl, um die „Schätze der Natur“ zu veredeln. Meist werden Sie ja nur kleine Mengen zubereiten, so dass der Preisunterschied der Rohstoffe nicht ins Gewicht fällt.

4. Achten Sie auf äußerste Sauberkeit und verwenden Sie nur saubere Geräte und Töpfe sowie geruchsfreie Kochlöffel! Man würde es nicht glauben, aber ein Kochlöffel, der schon zum Zwiebelrösten verwendet wurde, gibt dieses Aroma dann an Marmeladen und Gelees weiter! Nichts ist ärgerlicher als verdorbene oder geschmacklich schlechte Produkte!

5. Lagern Sie gedörrte Wildfrüchte und Tees stets dunkel und kühl in luftdichten Gläsern mit Schraubverschluss. Gegen den Befall durch Dörrobstmotten hilft die gelegentliche Lagerung in der Tiefkühltruhe für eine Dauer von 24 Stunden!

6. Lagern Sie Konfekt und Schokolade nie länger als 6 Wochen kühl und dunkel, denn nach dieser Zeit beginnt die Schokolade weiß zu werden. Trockenfrüchte und Fruchtkäse können bis zu 2 Jahre kühl, dunkel und trocken gelagert werden.

7. Wollen Sie Ihre Produkte verschenken oder verkaufen, verwenden Sie ausschließlich schönes und hochwertiges Verpackungsmaterial (Kartonschächtelchen für Konfekt, hübsche Gläser für Eingelegtes). Dies wertet Ihre aufwändig hergestellten Delikatessen aus der Natur weiter auf!

10 Basisrezepte
für Süßes und Pikantes aus Wildfrüchten

1. Konfekt

Zur wohl größten Besonderheit in diesem Buch zählt das Herstellen von Wildfrucht-Pralinen in der eigenen Küche, die oft exotischer aussehen als Meisterstücke vom Konditor. Als Ausgangsmaterial werden dazu Wildfrüchte verwendet, die in ihrer veredelten Form als Fruchtgelee oder Marmelade zum Aromatisieren von Marzipan und Schokolade dienen, oder auch kandierte Früchte, Obstkäse und Beerenleder, das wie frische Wildfrüchte in Schokolade getaucht wird. Maroni, aus welchen eine besondere Art von Marzipan selbst hergestellt werden kann, müssen lediglich gesammelt, gekocht und geschält werden, sie können aber auch, in Honig glasiert, wie Haselnüsse und Mandeln, als Konfekt zubereitet werden.

Kandierte Früchte, wie etwa die Hagebutten der Kartoffelrose, aber auch verzuckerte Blüten und Beeren dienen in vielen unserer Rezepte zur Konfektdekoration, sie könnten aber auch alleine gereicht werden oder zur Dekoration von Torten und Mürbteigschiffchen dienen.

Konfekt, die kleinen Meisterwerke der süßen Wildfrüchteküche, bleibt – wie ich immer wieder zu hören bekomme – allen in Erinnerung, die es bestaunen und verkosten durften.

Marzipankonfekt selbst herstellen

Marzipankonfekt ist im Prinzip rasch hergestellt, obwohl das Aromatisieren desselben besonders dann, wenn Sie eine Fülle verschiedener

Aromen zur Verwendung in Ihrem Vorrat haben, fast ein eigenes Buch füllen würde.

Rohmarzipan kann mit den verschiedensten Zutaten kombiniert werden.

Grundsätzlich kann das zugekaufte Rohmarzipan mit Marmeladen und Gelees, frischen Kräutern, wie etwa Minze, und Blütenblättern, wie Rosenblüten, aber auch in Kombination mit beiden aromatisiert werden. Aromaöle und Sirupe, Extrakte und Liköre sind wegen ihres hohen Flüssigkeitsanteiles zum Aromatisieren von Marzipan nicht geeignet.

Mischen Sie die gewünschte Menge des Aromaträgers, Kräuter oder Blüten in feingehacktem Zustand, mit dem Marzipan, indem Sie die Masse gut durchkneten. Beginnen Sie mit kleinen Mengen und steigern Sie das Aroma löffelweise, bis Sie die gewünschte Aromastärke errreicht haben.

Wenn Sie nun das aromatisierte Marzipan für die einzelnen Pralinen portionieren, empfiehlt es sich, darauf zu achten, dass die Stückchen nur 1/3 der herkömmlichen Pralinengröße haben, dies verleiht Ihren Kreationen eine besondere Zartheit, die noch betont wird, wenn das fertig verzierte Konfekt in kleine Konfektförmchen gesetzt und in größeren Gruppen angeordnet wird.

Formen Sie nun aus den vorbereiteten Portionen Marzipankugeln. Werden die Kugeln nur noch mit kandierten Früchten oder verzuckerten Blüten dekoriert, können Sie gleich in die Konfektförmchen gelegt werden. Sie können aber auch noch in aromatisiertem Zucker (z. B. Rosenzucker), Kakao, geraspelter Schokolade oder geriebenen Nüssen gewälzt und dann in die Konfektschüsselchen gelegt werden. Um Schokoladestreifen als Verzierung zu erhalten, legen Sie die Marzipankugeln am besten eng aneinander auf einen Teller und tropfen mit einer in flüssige Kuvertüre getauchten Gabel die gewünschten Streifen auf. Lassen Sie die Schokolade erkalten und legen Sie das Konfekt anschließend in die Schälchen.

Kühl lagern!

Marzipankonfekt sollte kühl gelagert werden, es hält sich dann je nach Dekoration etwa 8 Wochen.

Maroni-Marzipan

1,2 kg frische Maroni
1 Vanilleschote
Schale von 1 unbehandelten Grapefruit
Milch zum Bedecken
1 Gläschen dunkler Rum
300 g Puderzucker

Die roh geschälten Maroni werden 2 Minuten in kochendem Wasser blanchiert, damit man ihnen danach mit einem spitzen Messer die braune Haut abziehen kann. Nun werden sie mit Milch bedeckt und mit der geschabten Vanilleschote und der Grapefruitschale weich gekocht.

Dann werden die festen Gewürzteile wieder entfernt und die Maroni püriert. Anschließend werden Zucker und Rum beigefügt und gründlich eingearbeitet. Aus dieser Masse wird nun das Konfekt geformt, das zum Frischverzehr auch mit Schlagobers serviert werden kann.

Dazu passt ein Dessertwein.

Tipp: Eine besondere Marzipansorte, die es meines Wissens nirgendwo zu kaufen gibt und die daher nur selbst hergestellt werden kann, ist das Maroni-Marzipan. Es schmeckt wirklich köstlich maronireisähnlich und sieht sehr lustig aus, wenn daraus kleine Steinpilze mit einem kakaobepuderten Hut geformt werden.

Schmeckt auch mit Schlagobers!

Schokolade verarbeiten

Beim Verarbeiten von Schokolade zu Konfekt gibt es einiges Grundsätzliches zu beachten, wodurch das Gelingen der dekorativen, kleinen Naschereien gewährleistet ist:

1. Der Raum, in dem Sie Konfekt mit Schokolade überziehen, sollte frei von Kochgerüchen sein, geringe Luftfeuchtigkeit haben und keine Zugluft aufweisen.
2. Um einen dekorativen Glanz und eine ebenmäßige Farbe zu erzielen, ist ein gleichmäßiges Abkühlen nötig. Deshalb ist es nicht ratsam, Konfekt an einem heißen Tag mit Schokolade zu überziehen, 16–21 °C sind hierfür optimal.
3. In Schokolade getauchte, frische Früchte sollten noch am selben Tag verzehrt werden.
4. Das Konfekt, welches in die Schokolade eingetaucht wird, sollte ebenfalls Raumtemperatur haben, um zu verhindern, dass die Schokolade grau wird.

Sanddorn-Nuss-Konfekt mit kandierten Hagebutten, Schlehen-Marzipan-Konfekt mit weißem Flieder, Zierquitten-Marzipan mit lila Fliederblüten (von rechts nach links)

5. Graue Schokolade entsteht, wenn das getauchte Konfekt zu kalt war, wenn zu hohe Luftfeuchtigkeit beim Tauchen vorherrschte, wenn beim Eintauchen Zugluft herrschte, wenn die Raumtemperatur geschwankt hat oder wenn das eingetauchte oder bestrichene Konfekt zu langsam abkühlt.
6. Schokolade wird grundsätzlich immer im Wasserbad geschmolzen, um ein Anbrennen zu verhindern. Befüllen Sie einen Topf so hoch mit Wasser, dass $^2/_3$ des Geschirrs, das im Topf steht und in welches die Schokolade gelegt wird, mit Wasser bedeckt sind. Dann wird das Wasser erhitzt und die Schokolade beginnt zu schmelzen.
7. Um die geschmolzene Schokolade zu „temperieren", wird sie über einer größeren Schüssel mit kaltem Wasser langsam gerührt, bis sie etwa 25 °C erreicht hat. Bei dieser Temperatur beginnt die Schokolade dickflüssig zu werden.
8. Nun wird sie nochmals im Wasserbad auf 30 °C (keinesfalls darüber) erwärmt, am besten einfach nur, bis sie vom dickflüssigen in den flüssigen Zustand übergegangen ist. Dies ist ein sehr wichtiger Schritt, der keinesfalls ausgelassen werden darf.
9. Für die Verarbeitung der Schokolade verwenden Sie einen Holz- oder einen Metalllöffel. Vermeiden Sie, wie bereits erwähnt, Kochlöffel, die schon zum Umrühren von Zwiebeln, Fleisch o. Ä. verwendet worden sind.
10. Ersetzen Sie niemals Edelbitterschokolade vom Rezept durch Milchschokolade oder Zartbitterschokolade, da das Aroma völlig anders schmeckt.

Verwenden Sie immer einen Holz- oder Metalllöffel.

Schokoladenblätter

24 Laubblätter von ungiftigen Pflanzen in verschiedenen Größen, wie etwa Eichenlaub, Kirschenblätter, Ahornblätter und Edelkastanienlaub
100 g geriebene oder feingehackte Zartbitterschokolade
1 TL Palmin, Butter oder Ceres
wenn gewünscht, einige Tropfen ätherisches Pfefferminzöl

Ein Backblech wird mit Pergament- oder Backpapier ausgelegt und darauf die sauberen Blätter so platziert, dass sie mit der rauen, adernreichen Unterseite nach oben sehen. Nun werden die Schokolade und das Fett im Wasserbad geschmolzen und glattgerührt. Ist Pfefferminzaroma erwünscht, fügt man jetzt das ätherische Öl bei und nimmt die Töpfe vom Herd. Anschließend wird die Schokolade mit einem kleinen Pinsel auf die Blätter gestrichen, und zwar so, dass keine Schokolade über den Blattrand läuft. Lassen Sie die Schokolade nun an einem kühlen Ort 30 Minuten hart werden. Dann können die Blätter vorsichtig von der

3 Arbeitsschritte – Schokoladenblätter selbst gemacht: Die Blätter werden mit den Adern nach oben aufgelegt (links) Mit flüssiger Schokolade dick bestreichen und trocknen lassen (Mitte) Fertige Schokoladenblätter als Tortendekoration mit Hahnendorn-Früchten (rechts)

Stielseite her vom Schokoladenblatt abgezogen werden. Die Schokoladenblätter halten sich, kühl gelagert, etwa 2 Wochen, dann sollten sie verzehrt werden, da die Schokolade sonst grau wird.

Verzuckern

Verzuckerte Blüten und Beeren

Das Verzuckern von Blüten, Beeren und Blättchen erfordert viel Geduld, ist aber nicht so schwierig, wie es scheinen mag. Eiklar wird zunächst mit einer Gabel etwas geschlagen, dann werden die Blüten und Blättchen mit einem Haarpinsel sehr dünn, aber flächig damit eingepinselt. Anschließend werden sie mit Kristallzucker bestreut und der überschüssige Zucker wird wieder abgeschüttelt. Zum Trocknen werden die verzuckerten Blüten und Blättchen auf einem Backpapier ins vorgeheizte Backrohr (50 °C) geschoben, wobei die Tür einen Spalt breit offen bleibt, damit die Feuchtigkeit entweichen kann. Heizen Sie das Backrohr zuerst auf die gewünschte Temperatur vor und öffnen Sie es erst dann, wenn diese erreicht ist und die verzuckerten Blüten, Früchte oder Blätter im Rohr sind.

Verzuckerte Rosenblüte

Ist die Zuckerhülle ganz trocken, werden die fertigen Blüten und Blätter ausgekühlt und vor Licht und Feuchtigkeit geschützt aufbewahrt.

Verzuckerte Blüten sind eine zauberhafte und essbare Dekoration.

Verzuckerte Blüten, Beeren und Blätter sehen aus, als wären sie vom Raureif überzogen. Ihr Duft hält sich überraschend gut und sie ergeben eine ungewöhnlich zauberhafte Dekoration, die sogar essbar ist. Zum Verzuckern von Beeren und Früchten eignen sich kleinere Exemplare wie Walderdbeeren, Holunder, Sanddorn, aber auch Johannisbeeren an der Rispe hervorragend. Wie beim Frischkonfekt können die Früchte aber nicht gelagert werden und sollten am besten binnen 3 Tagen vernascht werden.

Kandierte Früchte

Kandieren

Das klassische Kandieren ist ein äußerst langwieriger und meiner Meinung nach komplizierter Vorgang, der einiges Geschick und einige Kocherfahrung erfordert. Es dauert nämlich an die zwei Wochen, wobei an jedem einzelnen Tag ein Kochvorgang mit Zuckerzusatz notwendig ist. Meiner Meinung nach ist das überaus süße Endprodukt einen derartigen Aufwand nicht wert, versuchen Sie stattdessen das auf S. 23 beschriebene „Kandieren in Honig“, das nicht nur einfacher ist, sondern auch ein süßes und fruchtiges Ergebnis bietet. Wer das klassische Kandieren dennoch versuchen möchte, findet nachfolgend das Grundrezept:

Kandierte Wildkirschen

500 g entkernte Wildkirschen
1 kg Einmachzucker

1. Tag: Stellen Sie eine Zuckerlösung aus 300 ml Wasser und 250 g Einmachzucker her, die so lange gekocht wird, bis sie im erkalteten Zustand Fäden zieht. Testen Sie dies, indem Sie einen Löffel voll Sirup abkühlen lassen und mit den Fingern prüfen, ob der Sirup Fäden zieht. Gießen Sie diesen Fadenzucker über die zuvor blanchierten Kirschen, so dass diese vollständig davon bedeckt sind. Nun werden die Früchte mit Pergamentpapier abgedeckt und 24 Stunden ziehen gelassen.
2. Tag: Seihen Sie die Früchte aus dem Sirup ab, lassen Sie sie auf einem Gitter abtropfen und erhitzen Sie den übrigen Sirup, der wieder auf 300 ml gestreckt und mit 60 g neuem Einmachzucker versetzt wurde, wieder auf Fadenzuckerkonsistenz. Gießen Sie ihn erneut über die Früchte in der Schüssel.
3.–7. Tag: Die Vorgangsweise vom 2. Tag wird täglich wiederholt!
8. Tag: Erhitzen Sie zur Abwechslung die aufgefangene Zuckerlösung mit 100 g Einmachzucker und kochen Sie diese zusammen mit den Früchten 3–4 Minuten. Danach bleiben die Früchte wieder in ihrer Zuckerlösung in der Schüssel für 48 Stunden liegen.

10. Tag: Der Vorgang vom 8. Tag wird wiederholt und die Früchte werden nun 4 Tage ziehen gelassen.
14. Tag: Heben Sie nun die Früchte aus dem Sirup und legen Sie diese zum Abtropfen auf ein Gitter. Danach werden sie im Backrohr bei 50 °C getrocknet, bis sie nicht mehr kleben und seidig glänzen.

Kandieren in Honig

Im Unterschied zum klassischen Kandieren in Läuterzucker, wie vorhin beschrieben, ist das Kandieren in Honig keine langwierige Prozedur. Es eignen sich hiezu aber nur feste, dünnfleischige Fruchtsorten mit wenig Saft.

Ideal sind mittelgroße Hagebutten der Kartoffelrose (*Rosa rugosa*), Steinweichseln (*Prunus mahaleb*), Quittenspalten, Zierquittenscheiben (*Chaemomeles japonica*) und feste Kriecherln (*Prunus cerasifera*).

Die Früchte sollten mit den Stängeln gepflückt werden, dann werden sie halbiert und entkernt, Quitten und Zierquitten werden in dünne Scheiben geschnitten. Hagebutten müssen halbiert und entkernt werden. Inzwischen wird der Honig in Fruchthöhe in einen Edelstahltopf gefüllt und zum Sieden gebracht. In den heißen, flüssigen Honig werden dann die Fruchthälften eingelegt, und zwar so, dass die Stängel aus der Flüssigkeit herausschauen, und vorsichtig geköchelt. Das Mitkochen der Fruchtstängel verändert das Honig- und Fruchtaroma und sollte daher unterlassen werden, überdies werden die Stängel beim Mitkochen klebrig!

Beim Kandieren sollen die Stängel aus dem Honig herausschauen.

Steinweichseln können wegen der einfacheren Handhabbarkeit an den Stielen zusammengebunden und in mehreren Bündeln in den siedenden Honig eingelegt werden, und zwar wieder so, dass die Stiele aus der Flüssigkeit schauen.

Die Früchte werden nun je nach Größe und Festigkeit 5–15 Minuten vorsichtig gekocht, sie sollten vom Honig durchtränkt werden, aber nicht zerfallen. Dann werden sie möglichst rasch aus dem heißen Honig genommen und zum Abtropfen und Trocknen auf ein Metallgitter oder einen schräg gestellten Teller gelegt.

Je nach Früchtgröße und -dicke sowie der herrschenden Raumtemperatur dauert dieser Trocknungsvorgang zwischen einem und mehreren Tagen.

Die Früchte werden in luftdichten, flachen Gefäßen gelagert und sind so mehrere Jahre haltbar, allerdings nimmt das Fruchtaroma mit zunehmender Lagerungsdauer ab.

Lagern Sie die Früchte in luftdichten Gefäßen!

Frischkonfekt

Frischkonfekt sollte noch am selben Tag verzehrt werden.

Im Frischkonfekt werden Konfektmassen mit frischen Früchten kombiniert, daher sollte es noch am Tag der Zubereitung verzehrt werden. Unser persönlicher Favorit unter diesen Kombinationen sind die frischen Früchte mit weißer Schokolade, probieren Sie aber auch Schoko-Trüffel-Masse, Bitterschokolade oder Marzipan.

Für das weiße Frischkonfekt wird weiße Schokolade vorsichtig im Wasserbad geschmolzen, mit Blütenzucker, frischen Kräutern, die nicht zu saftig sein sollten, etwas Thymian, Zitronenmelisse, Zitronenverbene oder auch gerösteten, gehackten Nüssen vermischt. Sie können zur Aromatisierung auch ätherische Öle, wie Limette, Lemongras, Mandarine oder Orange, verwenden.

Die flüssige, aromatisierte Schokolade wird in Konfektförmchen gefüllt und sogleich mit dem Frischobst belegt, und zwar so, dass es etwas darin versinkt. Am besten geeignet sind Früchte, die nicht zu saftig und kräftig im Geschmack sind, wie Walderdbeeren, Schlehen oder Steinweichseln. Aber auch Berberitzen, entkernter Hahnendorn, halbierte, entkernte Hagebutten und Sanddorn sind einen Konfektversuch wert!

Quittenkäse, gedörrte Zwetschken, Speierlingkäse, getrocknete Apfelscheiben (von oben, im Uhrzeigersinn)

Wildfrüchte dörren, Fruchtleder und Wildobstkäse herstellen

Gedörrte Früchte haben – besonders in warmen Ländern – eine lange Tradition, die viele Gründe hat: die einfache, für jedermann nachvollziehbare Trocknungsmöglichkeit durch die Sonnenwärme, die lange und gute Haltbarkeit des Trockengutes, die vielseitige Verwendbarkeit und nicht zuletzt das gut erhaltene Aroma der Früchte und Beeren. Einige wichtige Grundsätze gilt es dennoch zu beachten:

- Es sollten nur reife Früchte bester Qualität getrocknet werden.
- Das geschälte und vorbereitete Obst muss möglichst schnell gedörrt werden, damit es nicht braun wird.
- Äpfel und Birnen werden in Scheiben geschnitten und vom Kerngehäuse befreit, Marillen, Pfirsiche halbiert und ohne Kern getrocknet, Kirschen und Steinweichseln entkernt und kleine Beeren im Ganzen getrocknet.
- Die zum Trocknen vorbereiteten Früchte und Beeren werden immer nebenander, niemals aufeinander gelegt. Das Trockengut kann untertags in der Sonne und nachts oder bei Schlechtwetter im Backrohr bei geöffneter Türe und 50 °C gedörrt werden. Gut bewährt hat sich das Auflegen auf mit Backpapier belegten Backbleche, so können die Früchte vom „Sonnenbad" direkt ins Backrohr geschoben werden.
- Während des Dörrens sollten die Früchte und Beeren mehrmals gewendet werden, damit sie gleichmäßig von allen Seiten trocknen können.

- Je geringer der Wassergehalt des Ausgangsmaterials, desto kürzer ist die Trocknungszeit.
- Der Dörrprozess ist abgeschlossen, wenn aus den Früchten kein Saft mehr gedrückt werden kann, Pilze müssen rascheln.
- Das fertig getrocknete Trockengut wird luftdicht und lichtgeschützt gelagert.

Trockenobst kann als Naschvorrat direkt verzehrt werden – bei uns ist immer eine Dose für den großen Hunger nach dem Wandern oder Rodeln im Auto – oder zu Kompott weiterverkocht bzw. in Kuvertüre getaucht als Konfekt verarbeitet werden, es kann aber auch im Früchtetee Verwendung finden.

Obstkäse und Fruchtleder können ebenso zu Konfekt weiterverarbeitet werden, indem die mundgerechten Stückchen entweder mit Schokolade überzogen oder mit Kandiertem verziert werden.

Trockenfrüchte-Leckerei

50 g getrocknete Marillen
30 g getrocknete Heidelbeeren
3 EL Honig
50 g Apfelringe
5 TL Stärkemehl
350 ml Orangensaft

Die feingehackten Marillen und Apfelringe werden mit den Heidelbeeren, dem Honig und etwas Wasser gut verrührt. In einer zweiten Schüssel werden das Stärkemehl und der Orangensaft miteinander vermengt.

Diese Mischung wird nun über die Früchte gegossen, fest verrührt, in eine flache Backform gefüllt und bei 180 °C etwa 30 Minuten gebacken.

Fruchtleder und Obstkäse

Eine besondere Spezialität ist Fruchtleder, für das auch Früchte miteinander gemischt werden können, etwa Apfelschnitzel mit gehackten Marillen und Walnüssen oder Brombeeren mit Himbeeren und Erdbeeren.

Für Fruchtleder können auch verschiedene Obstarten miteinander vermischt werden.

Die Früchte werden klein gehackt oder geraspelt oder mit dem Stabmixer püriert und mit Honig vermischt. Fallweise kann auch Agar-Agar (ein Geliermittel aus Algen) zum Eindicken beigegeben werden. Dies verhindert auch das Schimmeln des fertigen Produkts. Die entstandene Masse wird etwa 1 cm dick auf ein Butterbrotpapier aufgetragen, welches die Hälfte eines Rostes im Backrohr bedeckt, die offene Hälfte wird zur Luftzirkulation gebraucht. Das Trocknen findet bei Temperaturen um 65 °C statt. Die trockene Masse kann in Rauten oder Streifen geschnitten werden, es können aber auch mit Keksausstechern Formen herausgestanzt werden.

Wildobstkäse wird durch das Kochen von Früchten in wenig Wasser, anschließendes Pürieren und dick Einkochen mit Zucker hergestellt. Die daraus entstandene Masse wird ebenfalls auf ein Papier aufgebracht und getrocknet. Für diese Zubereitungsart eignen sich Äpfel, Quitten, Zierquitten, Hagebutten und Kornelkirschen besonders gut.

2. Möglichkeiten des Aromatisierens

Herstellen von Sirup

Kalt angesetzter Beerensirup

Etwa 2 kg der gewaschenen Früchte werden in eine Glasschüssel gefüllt und mit einem Stößel zerdrückt. Gießen Sie nun 1,5 l aufgekochtes heißes Wasser über die Früchte, so dass diese davon bedeckt sind. Nun werden die Früchte mit einem Teller beschwert und über Nacht stehen gelassen.

Am nächsten Tag wird die Hälfte der entstandenen Flüssigkeit erhitzt und wieder über die Früchte gegossen. Diese Prozedur wird am darauffolgenden Tag wiederholt. Anschließend wird der auf diese Weise gewonnene Saft durch ein Tuch abgegossen und die Früchte werden dabei gut ausgepresst. Nun wird der Saft mit 1 kg Zucker und einer Vanilleschote aufgekocht und heiß in saubere Flaschen gefüllt, die gut verschlossen werden. Kühl und dunkel gelagert, ist dieser Sirup mehrere Jahre haltbar. Er zeichnet sich durch sein volles, fruchtiges Aroma aus und enthält wegen der schonenden Art der Zubereitung mehr Vitamine als Sirup, der durch Dampfentsaften hergestellt wurde.

Heißentsaften für die Herstellung von Sirup

Zum Heißentsaften werden 2 kg Früchte mit 1 l Wasser aufgekocht. Der heiße Fruchtbrei wird durch ein Mulltuch geschüttet, welches über eine große Schüssel gespannt ist. Das Ablaufen des Saftes erfolgt langsam, daher am besten über Nacht stehenlassen. Der so entstandene Saft kann danach weiterverarbeitet oder mit Zucker, zu Sirup verkocht, heiß in Flaschen gefüllt werden.

Wenn Ihnen eine Trübung des Sirups nichts ausmacht, können Sie den Fruchtrest im Tuch noch durch die Flotte Lotte drehen oder gut auspressen und ebenfalls beifügen.

Sirupherstellung mit dem Dampfentsafter

Das Dampfentsaften ist eine schnelle Methode der Saftgewinnung

Die Saftgewinnung mit dem Dampfentsafter ist eine schnelle und bequeme Methode, sie eignet sich besonders gut für kernreiche Früchte, da diese als Fruchtreste zurückbleiben. Ein weiterer Vorteil dieser Form der Saftgewinnung besteht darin, dass die Früchte samt den Stängeln und

Steinen verarbeitet werden können, da diese ebenfalls zurückbleiben. Dies bedeutet eine große Arbeitsersparnis bei Holunder, Ribiseln, Kirschen, Steinweichseln und Kriecherln.

Wichtig ist, dass während des Entsaftungsprozesses immer genügend Wasser im Dampfentsafter kocht, damit ausreichend Wasserdampf erzeugt wird, durch den die Zellwände platzen und der Fruchtsaft ausrinnt.

Achtung: Es muss immer genug Wasser im Dampfentsafter kochen!

Weiche Früchte, wie Erdbeeren, Himbeeren, Brombeeren, Holunder und Kirschen, werden etwa 20–25 Minuten entsaftet, während harte Früchte, wie Quitten, Birnen und Äpfel, 50–60 Minuten im Dampfentsafter bleiben. Die Entsaftungsdauer für mittelfeste Früchte, wie Heidelbeeren, Marillen und Kriecherln, liegt dazwischen.

Dieser Sirup kann direkt und heiß in Flaschen gefüllt oder zu Gelee weiterverkocht werden.

Herstellen von Aromaöl

Mit Hilfe von Aromaölen können Gebäck, Konfekt und Cremes sowie Terrinenmassen aromatisiert werden, indem eine Spur Öl beigefügt oder der Teig damit bestrichen wird. Sie können auch Fleisch oder Fisch in Aromaöl herausbraten. Eine sehr schmackhafte Kombination ist beispielsweise Lachs, in Holunderblütenöl gebraten. Aromaöle stellen eine selbstgemachte Alternative zum ätherischen Öl dar. Ihre Herstellung ist sehr einfach: Nehmen Sie trockene Blüten oder Kräuter und füllen Sie diese in eine Flasche mit weitem Rand. Füllen Sie so viele Pflanzenteile ein, wie Sie hineinstopfen können, und gießen Sie mit Speiseöl auf. Verwenden Sie hiefür ein relativ geschmacksneutrales Öl, wie etwa Rapsöl, damit sich die Pflanzenaromen voll entfalten können, ohne vom Eigengeschmack des Öles überlagert zu werden.

Nach einer Reifezeit von 6 Wochen an einem warmen, lichtgeschützten Platz kann das Öl abgeseiht werden. Drücken Sie dabei die Pflanzenreste fest aus. Nun wird das Aromaöl in kleinen Flaschen verwahrt und kühl gelagert.

Aromaöl muss 6 Wochen reifen!

Holunderblütenöl

frische Blüten des Schwarzen Holunders, trocken und läusefrei
0,5 l Rapsöl
eine gut verschließbare Flasche mit 0,75 l Fassungsvermögen und einem weiten Hals

Rupfen Sie die Holunderblütchen mit Hilfe einer Gabel von den Stielen und füllen Sie diese in die Flasche, bis sie randvoll ist, drücken Sie dabei die Blüten etwas zusammen. Danach füllen Sie die Flasche mit dem Öl auf, so dass die Blüten vollständig davon bedeckt sind. Nun wird der Ansatz an einen lichtgeschützten, warmen Ort gestellt und ca. 6 Wochen rei-

Schütteln Sie die Flasche ab und zu!

fen gelassen. Während dieser Zeit sollte die Flasche ab und zu geschüttelt werden. Danach wird das Öl, wie zuvor beschrieben, abgegossen, abgefüllt und gelagert. Holunderblütenöl eignet sich hervorragend, um Teig damit zu bepinseln, etwa Blätterteigecken, die dann kurz im Rohr gebacken werden. Servieren Sie dieses Gebäck mit Fruchtsalat der Saison. Möchten Sie bei einem Buffet Teller sparen, kann der Fruchtsalat direkt auf den Blätterteigdreiecken angerichtet werden.

Bärlauchöl

3 Handvoll saubere Bärlauchzwiebeln **Speiseöl zum Bedecken**
ein Glas mit Schraubverschluss und dem nötigen Fassungsvermögen

Die sauberen, vollkommen trockenen Bärlauchzwiebeln werden in das Gefäß gefüllt, dann wird mit dem Öl aufgegossen, so dass die Zwiebeln völlig bedeckt sind und das Glas randvoll ist. Lassen Sie das Öl etwa 8 Wochen reifen, danach kann es verwendet werden, ohne die Zwiebeln zu entfernen. Man sollte jedoch darauf achten, dass diese immer mit Öl bedeckt sind, da sie sonst schimmeln könnten.

Bärlauchöl ist ein sehr intensives Aromaöl, das nach Knoblauch riecht und sich gut zum Aromatisieren von Aufstrichen, Gebäck (etwa frisch gebackenen Pizzabrotstangerln) und zum Herausbraten von Fleisch, Fisch und Pilzen eignet.

Herstellen von Blütenzucker

Aus aromatischen oder sehr farbigen Blüten kann Blütenzucker hergestellt werden; so beispielsweise aus Salbei-, Klatschmohn-, Rosen-, Holunder- oder Thymianblüten. Die frischen Blüten werden im Verhältnis 1 Teil Zucker zu 2 Teilen Blüten in einem Mixer oder in einer Küchenmaschine zu einer sehr feinkörnigen Substanz vermahlen.

Diese wird gesiebt und in einer etwa 3 cm dicken Schicht auf einem mit Alufolie ausgekleideten Backblech verteilt.

Durch das langsame Trocknen bleiben Aroma und Farbe erhalten.

Dann wird der Blütenzucker im Backrohr bei halbgeöffneter Tür und 50 °C getrocknet. Durch diese Art der Konservierung bleiben Aroma und Farbe der Blüten sehr gut erhalten. Der Blütenzucker wird in gut schließenden Gläsern dunkel aufbewahrt.

Holunderblütenzucker

Von der Dolde gezupfte Holunderblüten werden mit Kristallzucker im Verhältnis 1:2 vermischt und mit einem Stabmixer püriert. Die daraus entstandene gelblichgrüne Paste wird auf Backpapier gebreitet und entweder 7 Tage bei Zimmertemperatur oder einige Stunden im Backrohr

Blütenzucker aus verschiedenen Blüten

bei 50 °C und leicht geöffneter Türe unter mehrmaligem Wenden getrocknet. Danach kann der grob-bröckelige Zucker mit einem Fleischhammer fein gebrochen und in Glasbehältern lichtgeschützt gelagert werden.

Herstellen von Blüten-, Beeren- und Fruchtextrakten

Blüten-, Beeren- und Fruchtextrakte eignen sich wegen ihres intensiven Aromas hervorragend zur Aromatisierung von Marzipan und Terrinen, aber auch für Cremefüllungen von Torten und Teigen. Sie benötigen davon nur kleine Mengen. Der Geschmacksvielfalt sind keine Grenzen gesetzt, da sich Blüten und Kräuter mit Beeren und Früchten auf das Vielfältigste kombinieren lassen, aber auch die sortenreinen Extrakte sind in jedem Fall einen Versuch wert.

Extrakte eignen sich bestens zur Aromatisierung.

Blütenextrakt

Blüten und Kräuter werden mit der gleichen Volumsmenge Zucker in ein Glas geschichtet, welches dann mit Wasser aufgefüllt und ähnlich wie bei der Sirupherstellung aus Blüten zur Fertigstellung etwa 5 Tage in die Sonne gestellt wird. Da immer wieder Pflanzenteile aus der Zuckerlösung herausschauen werden, muss mehrmals täglich umgerührt werden.

Das Konzentrat wird nach 5 Tagen abgeseiht und nochmals mit derselben Blütenmenge, wie Flüssigkeit zur Verfügung steht, angesetzt. Nach weiteren 5 Tagen kann der Ansatz durch ein Sieb abgeseiht werden, wobei die Blütenreste gut ausgepresst werden. Der Extrakt wird bis zum Weiterverbrauch in kleinen Flaschen kühl gelagert.

In kleinen Flaschen kühl lagern!

Um eine größere Haltbarkeit und ein anderes Aroma zu erzielen, kann derselbe Ansatz statt mit Wasser mit Schnaps erfolgen, die Weiterverarbeitung geschieht so, wie oben beschrieben. Bei der Verwendung von

Kräutern ist wegen ihres hohen Gehaltes an Gerbstoffen und ätherischen Ölen insofern Vorsicht geboten, als viele dieser Ansätze ziemlich bitter werden können.

Beeren- und Fruchtextrakt

500 g Beeren und Wildfrüchte
250 ml Wasser
500 ml Schnaps
500 g brauner Zucker

Bei der Herstellung von Beeren- und Fruchtextrakt empfiehlt es sich, die Früchte sortenrein zu belassen, um das reine Fruchtaroma zu gewinnen und kennenzulernen. Nach der Fertigstellung können die Extrakte untereinander gemischt werden. Beeren und Wildfrüchte werden sortenrein randvoll in Marmeladengläser mit Schraubverschluss gefüllt; aus dem Schnaps und dem Wasser wird mit dem braunen Zucker ein Sirup hergestellt, wobei darauf zu achten ist, dass dieser nicht kocht, da ansonsten der Alkohol verdampft.

Sobald sich der Zucker vollständig aufgelöst hat, wird der Sirup über die Früchte gegossen, so dass diese gut bedeckt sind. Nun werden die Gläser gut verschlossen und zum Ziehen 2 Monate auf ein sonniges Fensterbrett gestellt. Während dieser Zeit sollten die Gläser ab und zu geschüttelt werden, um eine bessere Durchmischung zu erzielen. Nach dieser Ruhezeit wird der Ansatz durch ein Sieb geseiht und die Früchte gut ausgepresst. Danach füllt man den Extrakt in kleine Flaschen, die kühl gelagert werden.

Herstellen von Wildfrucht- und Beerenlikören

Wildfrucht- und Beerenliköre sind ähnlich zuzubereiten wie deren Extrakte, der Likör ist jedoch auch zum Sofortgenuss gedacht, da er geschmacklich bei Weitem nicht so intensiv ist wie der Extrakt. Auch werden zur Likörbereitung Gewürze zugesetzt, um ein rundes Aroma des fertigen Produktes zu erreichen.

Feiner Wildfrucht- und Beerenlikör

etwa 500 g vollreife Wildfrüchte, z. B. Hagebutten, Kornelkirschen oder Holunderbeeren
200 g brauner Kandiszucker
1 l Kirschschnaps
je 1 Vanilleschote, 1 Zimtstange und 1 Büschel Kräuter

Die vollreifen Wildfrüchte werden mit dem braunen Kandiszucker und dem Kirschschnaps in eine Flasche mit weitem Hals gefüllt. Geben Sie als Gewürze eine Vanilleschote, eine Zimtstange und ein Büschelchen Kräuter nach Geschmack dazu. Danach wird die Flasche verschlossen und für etwa 4 Wochen an einen sonnigen Platz auf dem Fensterbrett gestellt. Während dieser Zeit sollte der Ansatz ab und zu geschüttelt werden, damit sich der Zucker vollständig auflöst.

Stellen Sie den Likör 4 Wochen an einen sonnigen Platz.

Nach 4 Wochen kann der Likör durch ein Teesieb und anschließend durch einen Kaffeefilter abgeseiht werden. Zum Lagern und Weiterschenken wird er in dekorative, gut verschließbare Flaschen gefüllt!

Herstellen von Marmeladen, Konfitüren und Fruchtgelees

Der Unterschied zwischen Marmelade, Konfitüre und Gelee ist wohl jedem, der sich schon einmal über Brombeerkerne zwischen den Zähnen geärgert hat, bekannt: Im Gelee sind keine festen Bestandteile enthalten, während die Konfitüre ganze Fruchtstücke oder Beeren beinhaltet. In der Marmelade, die zwar in ihrer Konsistenz feiner ist, sind ebenfalls Kernchen und Früchte enthalten.*

Berberitzengelee, Marillen-Wacholder-Marmelade, Sanddorn-Apfel-Marmelade (von oben, im Uhrzeigersinn)

Alle drei Fruchtzubereitungen lassen sich sowohl als köstlicher Brotbelag verwenden als auch weiterverarbeiten. Geschmacklich ist zwischen Gelee und Konfitüre ein sehr großer Unterschied, versuchen Sie es einmal mit Apfelgelee/Apfelmus oder Himbeergelee/Himbeermarmelade!

Je nach Fruchtart bieten sich die verschiedenen Verarbeitungsmethoden an. So eignen sich Brombeeren und Sanddorn meiner Meinung nach besser für Gelee als für Konfitüre oder Marmelade.

Ich bereite alle Marmeladen, Konfitüren und Gelees mit Gelierzucker (1 Teil Zucker : 2 Teile Frucht oder 1:3) zu, zum einen, weil sie so am besten das Fruchtaroma entfalten und ihre Farbe behalten, zum anderen, weil Gelierzucker leicht verfügbar und, aus reifen Äpfeln hergestellt, ein heimisches Naturprodukt mit langer Tradition ist. Die fehlende Süße ergänze ich mit braunem Rohrzucker, welcher allen Produkten eine runde, vollmundige Note verleiht, die das Fruchtaroma hervorhebt.

* Konfitüre ist nach der Definition der EU-Konfitürenverordnung eine streichfähige Zubereitung aus Frucht und Zucker mit oder ohne Fruchtstückchen. Gelee ist eine streichfähige Zubereitung aus Fruchtsaft und Zucker und Marmelade ist ein streichfähiger Fruchtaufstrich aus Südfrüchten oder Teilen davon und Zucker. Nach dieser Verordnung ist der Begriff „Marmelade" grundsätzlich nur für Erzeugnisse aus Zitrusfrüchten zulässig, darf aber in Österreich und Deutschland anstelle des Begriffs „Konfitüre" verwendet werden.

Marmelade mit Gelierzucker

1 kg Früchte
350 g Gelierzucker 1:3
500 g brauner Zucker

Machen Sie eine Gelierprobe!

Die sorgfältig verlesenen Früchte werden zermust und mit dem braunen Zucker vermischt, anschließend wird der Gelierzucker beigefügt und die Mischung zum Kochen gebracht. Die Marmelade sollte je nach Fruchtart zwischen 5 und 10 Minuten sprudelnd kochen, danach ist eine Gelierprobe zu empfehlen. Anschließend wird der entstandene Schaum abgeschöpft. Nun wird die Marmelade heiß in die vorbereiteten, sauberen Gläser gefüllt, die sofort verschlossen werden.

Konfitüre mit Gelierzucker

1 kg Früchte
350 g Gelierzucker 1:3
500 g brauner Zucker

Die Hälfte der gut verlesenen Früchte werden zermust und bei Bedarf durch ein Sieb gestrichen oder durch die Flotte Lotte gedreht, um die Kerne zu entfernen. Die andere Hälfte wird je nach Fruchtgröße in Stücke geschnitten oder im Ganzen belassen, mit dem Zucker und dem Fruchtmus vermischt und über Nacht zugedeckt stehen gelassen, damit die Früchte Saft ziehen können.

Dann wird der Gelierzucker der Masse hinzugefügt und das Ganze unter Rühren zum Kochen gebracht und je nach Fruchtart zwischen 5 und 10 Minuten sprudelnd gekocht. Nun wird der entstandene Schaum abgeschöpft und die Konfitüre anschließend in saubere Gläser gefüllt.

Beerengelee mit Gelierzucker

Etwa 1,2 kg vollreife Beerenfrüchte werden im Mixer zerkleinert und durch ein feines Sieb geschüttet. Der daraus gewonnene Saft wird mit Gelierzucker zum Kochen gebracht, etwa 6 Minuten köcheln gelassen, abgeschäumt, heiß in saubere Gläser gefüllt und verschlossen. Pro Liter Saft wird ein Kilogramm Gelierzucker hinzugegeben.

Beerengelees erhalten eine ganz besondere Aromanote, wenn Sie ein kleines Büschel Kräuter mitkochen. Sie können diese einzeln oder auch gemischt verwenden. Besonders aromatisch sind folgende Kombinationen: Erdbeeren – Holunderblüten, Brombeeren – Dost, Stachelbeeren – Thymian, Himbeeren – Lindenblüten, Marillen – Minze, Holunderbeeren – Zimt, Hagebutten – Rosenblüten.

Um ein besonders klares Gelee zu erhalten, besteht auch die Möglichkeit, die gekochten Früchte über Nacht durch ein Tuch zu seihen, wobei der Rückstand nicht ausgepresst wird, da die kleinen Festteile, die dadurch ins Gelee gelangen würden, dieses trüb machen. Der Saft wird dann mit Gelierzucker eingekocht.

Spätsommerlicher Früchteteller: Hagebutten, Schwarzer Holunder, Kornelkirschen, Berberitzen, Schwarzer Holunder (von oben, im Uhrzeigersinn)

Roh gerührte Marmelade

500 g Früchte (besonders Beeren)
500 g Gelierzucker

Früchte (besonders Beeren) werden mit Gelierzucker im Mixer püriert und verrührt, bis sich der Zucker aufgelöst hat. Anschließend muss die Marmelade mindestens 5 Minuten ruhen, damit die Luftbläschen entweichen können. Daraufhin wird sie in kleine Gläschen gefüllt, die mit einem in hochprozentigen Alkohol getauchten Deckel verschlossen werden, und im Kühlschrank aufbewahrt.

Tipp: Diese Marmelade wird ohne Kochen zubereitet, daher ist ihr Aroma fruchtiger und ihr Vitamingehalt größer, die Haltbarkeit mit drei Monaten jedoch bedeutend kürzer. Sie ist besonders für Wildbeerenzubereitungen sehr empfehlenswert.

Roh gerührte Marmelade ist nur ungefähr 3 Monate haltbar

3. Einlegen

Einlegen in Honig

Honignüsse dürften all jenen von uns bekannt sein, die sich häufig im mediterranen Raum aufhalten, sind sie doch eine klassische Süßigkeit in Griechenland und der Türkei. Ihre Zubereitung ist recht einfach. Sie können allerdings je nach Wahl der Honig- und Nusssorte als auch durch

Mit Hilfe von Gewürzen erhalten Sie viele verschiedene Geschmacksrichtungen

Beigabe von Gewürzen sehr differenzierte Geschmacksrichtungen erzielen. Herber Edelkastanien-, würziger Thymianhonig sowie auch der milde Obstbaumblütenhonig eignen sich sehr gut, um Honignüsse herzustellen. Versuchen Sie auch eine Handvoll Kiefernblüten darunterzumischen, dies ergibt einen feinen Harzgeschmack.

Aber nicht nur Nüsse, sondern auch blütenstaubreiche Blüten, wie die des Löwenzahns, können in Honig eingelegt werden und sind eine herrliche, leicht herbe Draufgabe auf Crêpes naturs. Saftige Beeren und Früchte eignen sich wegen ihres hohen Wassergehalts allerdings nicht zum Einlegen in Honig, da sie vergären.

Honigwalnüsse

1 kg ausgelöste Walnusshälften
unkandierter Edelkastanienhonig bester Qualität

Die Walnüsse werden in kleine Gläser mit Schraubverschluss gefüllt und mit dem Honig bedeckt. Sie sollten mindestens 6 Monate reifen.

Einlegen in Essig

Beeren in Essig einzulegen, ist eine nicht alltägliche, aber empfehlenswerte Idee, die so manchem verwöhnten Gaumen neuartige Aha-Erlebnisse verschaffen wird. Die Beeren sollten nicht allzu reif sein, damit sie ihre Form behalten und nicht zusammenfallen.

Essigbeeren und -früchte sind delikate Beilagen zu mariniertem Fisch, kalten Fleischgerichten, Pasteten, Käsegerichten sowie Wild- und Geflügelgerichten.

Eingelegte Beeren in Essig

1 kg nicht zu reife Beeren wie Brombeeren, Heidelbeeren oder Maulbeeren
1 Zimtstange
nach Belieben 6 Kardamomkapseln oder 1 kleine Ingwerwurzel
600 ml Rotweinessig
200 ml Wasser
500 g brauner Zucker
4 Gewürznelken
½ Lorbeerblatt

Rösten Sie den Zucker leicht in der Pfanne an und löschen Sie mit dem Wasser-Essig-Gemisch. Lassen Sie die Mischung aufkochen und köcheln, bis sich der Zucker ganz aufgelöst hat. Nun werden die Gewürze beigefügt und 10 Minuten ziehen gelassen. Der Ingwer wird in hauchdünne Scheiben geschnitten, und mit den sorgfältig verlesenen Beeren vermischt, in kleine Gläser gefüllt. Anschließend wird der abgefilterte, etwa 50 °C heiße Gewürzsud über die Beeren gegossen, und zwar so, dass diese zur Gänze bedeckt sind. Dann werden die Gläser sofort verschlossen und zum Auskühlen auf den Kopf gestellt. Nach einer Reifezeit von 4 Wochen sind die Essigbeeren zum Verzehr geeignet.

Reifezeit: 4 Wochen

BUNTER ESSIGTOPF

500 g Brombeeren
500 g Weingartenpfirsiche
1 l Weinessig
1 kg brauner Zucker
10 Gewürznelken
½ Ingwerwurzel
500 g Zwetschken
500 g Mostbirnen
500 ml Wasser
1 Zimtstange
1 TL Senfkörner

Die Birnen werden halbiert und das Kerngehäuse entfernt. Danach werden der Essig, das Wasser und die Gewürzmischung aufgekocht und zuerst die Birnen zum Aufkochen hineingegeben. Nach 5 Minuten werden sie wieder entnommen und die Weingartenpfirsiche und Zwetschken hineingegeben, die 3 Minuten kochen sollten. Nachdem auch diese aufgekocht sind, werden sie abgegossen und alle Früchte samt den rohen Brombeeren schichtweise in die vorbereiteten, sauberen Gläser gefüllt.

Zu guter Letzt wird der heiße Sud samt Gewürzen über die Früchte gegossen, so dass diese gut bedeckt sind. Die Gläser müssen danach sofort verschlossen werden.

Einlegen in Zuckersirup

Süß eingelegte Früchte müssen nicht immer in Likör liegen, sie können auch einfach in einem Zuckersirup aus 800 g (braunem) Zucker und 1 Liter Wasser, die Sie vorher kochen und über die in saubere Gläser gefüllten Früchte schütten, hergestellt werden. Zum derartigen Einlegen eignen sich ganze Früchte und Beeren, etwa Heidelbeeren, Preiselbeeren, Kornelkirschen, Steinweichseln, Hahnendorn und Vogelkirschen, aber auch Kirschpflaumen, Brombeeren und Himbeeren. Ihr Aroma kann durch die Beigabe von Zitrusfruchtscheiben abgerundet werden, beispielsweise Kornelkirschen oder Holunderbeeren mit Kumquatscheiben oder Brombeeren mit Zitronenschalen. Die Früchte müssen etwa 8 Wochen reifen und können als süße Beigabe zu Desserts verwendet werden.

Sirupfrüchte: Hahnendorn, Kirschen, Kriecherln (von links nach rechts)

Süß-sauer Einlegen

Süß-sauer eingelegte Früchte werden mit einem Sud aus Essig, Zucker und Gewürzen heiß übergossen oder darin gekocht und anschließend in gut verschlossenen Gläsern gelagert.

Ein weites Feld von Fruchtaromen, „Scharfmachern" und Gewürzen tut sich zwischen den beiden Hauptkomponenten Apfelessig und Zucker, Honig oder Ahornsirup auf.

Viele Früchte sind für das Einlegen geeignet!

An Früchten eignet sich so gut wie alles – mag den einen der Kontrast von duftigem Fruchtaroma, wie dem der Walderdbeere oder Himbeere, zu Würzigem oder Saurem beglücken, zieht der andere die Kombination von Herbem und Saurem, wie sie zum Beispiel bei eingelegten Schlehen entsteht, vor.

Zwei Punkte gibt es aber dennoch zu beachten:

- Weiche, saftige Früchte sind schnell zerkocht, daher sollten sie – wenn überhaupt – nur kurz aufgekocht werden.
- Je herber die Frucht, desto mehr Würze verträgt sie.

Zum süß-sauer Einlegen besonders geeignet sind Brombeeren, Heidelbeeren, Holunderbeeren, Bärlauchknospen und Kornelkirschen, die im Ganzen eingelegt werden, Steinweichseln, Zwetschken und Kirschpflaumen, die nicht entsteint, aber rundherum mit dem Zahnstocher eingestochen werden, Marillen und Mostbirnen, die ohne Kern oder Kerngehäuse in mundgerechten Vierteln oder Hälften eingelegt werden, sowie Pilze, die ebenso mundgerecht zerteilt werden.

Das Fruchtfleisch von Kürbissen kann – in kleine Stücke zerteilt – ebenfalls mit Wildfrüchten, wie z. B. Berberitzen, kombiniert werden.

Verschiedene Gewürze ergeben eine besonderen Geschmack!

Das Verhältnis Zucker (Honig) zu Essig kann je nach Geschmack stark variieren. Aus dem reichhaltigen Gewürzangebot haben sich Pfeffer, Ingwer, Kardamom und Galgenth für die Schärfe, Wacholder, Piment, Koriander, Lorbeer, Zimt, Nelken, Schwarz- und Kreuzkümmel, Gelbwurz, Lemongras und Sternanis für die Wärme und Abrundung des Geschmacks, Zitronenthymian, Dostblüten, Rosmarin, Basilikum, Weinraute, Verbene

Herstellung von süß-sauer eingelegten Mostbirnen

und Zitrusfrüchte für einen frischen Hauch sehr bewährt. Auch Rot- oder Weißwein kann dem Aroma dienlich sein, bisweilen auch eine Prise Salz. Süß-sauer eingelegte Wildfrüchte kann man pur verzehren, meist werden sie aber als Beilage zu Fleisch- und Fischgerichten, Fondue oder Raclette gereicht.

Süss-saure Beeren und Wildfrüchte

Abhängig von der Art der Früchte gibt es zwei verschiedene Methoden beim süß-sauer Einlegen. Feste Früchte und Fruchtstücke, wie Zwetschken und Birnen, werden gleich im Sud mitgekocht, abgeseiht und in die vorgesehenen Gläser geschichtet, wo sie mit dem neuerlich erhitzten Sud oder mit Olivenöl übergossen werden.

Feste Früchte werden im Sud mitgekocht.

Die sauberen, gut verlesenen Beeren werden roh in saubere Gläser gefüllt, Zucker, Essig und Wasser mit den Gewürzen aufgekocht und zugedeckt 10 Minuten ziehen gelassen. Die Marinade wird abgeseiht, nochmals erhitzt und heiß über die Wildfrüchte gegossen. Verschließen Sie die Gläser noch heiß und lassen Sie sie auf dem Kopf stehend auskühlen.

Süß-saure Beeren müssen mindestens 4 Wochen reifen, ehe sie zum Verzehr geeignet sind.

4. Grundteige für süß und pikant gefülltes Gebäck

Blätterteig für Strudel

200 g Butter
Saft von ½ Zitrone
1 Prise Salz
200 g Mehl
125 ml Wasser

Die Butter wird mit Mehl verbröselt und alle übrigen Zutaten zu einem geschmeidigen Strudelteig verknetet, den man ½ Stunde rasten lässt, ehe man ihn weiterverarbeitet. Strudelteig kann nicht nur als klassischer Strudel verarbeitet werden, sondern auch in Form von Teigdreiecken, Teigröllchen oder auch als Hülle für gefüllte Äpfel.

Für die Teigröllchen werden die Teigrechtecke auf Röllchen aus Backpapier gewickelt, mit Ei bestrichen und mit Zucker bestreut und anschließend im vorgeheizten Backrohr bei 160 °C goldbraun gebacken. Danach wird vorsichtig die Papierrolle herausgezogen. Teigröllchen können mit süßer Creme oder pikant gefüllt werden oder einfach als knusprige Verzierung zu Desserts gereicht werden.

Teigröllchen können süß oder pikant gefüllt werden.

Strudelröllchen aus Strudelteig

50 g Strudelteig
Zucker zum Bestreuen
Backpapier in Rechtecken von 15 x 20 cm
Butter zum Bestreichen
1 verquirltes Ei zum Bestreichen

Der Strudelteig wird auf einem Tuch in etwa 5 x 20 cm lange Rechtecke geschnitten. Diese werden mit zerlassener Butter bestrichen und mit Zucker bestreut. Das Backpapier wird fest eingerollt, dann wird das Teigstück mehrmals um die Papierrolle gewickelt. Bestreichen Sie die Röllchen mit Ei und bestreuen Sie sie mit Zucker. Dann werden die Röllchen auf einem befetteten Backblech im vorgeheizten Backrohr bei 160 °C goldbraun gebacken. Die fertigen Röllchen können an den Enden noch in Kuvertüre getaucht werden.

Mürbteig

250 g Mehl
bei süßer Befüllung die abgeriebene Schale von ½ unbehandelten Zitrone
125 g Butter
65 g brauner Zucker
1 Prise Salz
1 Ei

Strudelteig (vorne) und Mürbteig (hinten)

Alle Teigzutaten werden rasch zu einem Mürbteig verknetet und dieser wird 1 Stunde kaltgestellt. Nun kann er weiterverarbeitet werden. Für süß (mit Marmelade) oder pikant (mit Speck und Dörrzwetschken) gefüllte Äpfel wird er in ausgerolltem Zustand in Teigquadrate geschnitten, in welche die entkernten und gefüllten Äpfel gehüllt werden. Das befettete Backblech wird mit den eibestrichenen Äpfeln belegt und 25 Minuten bei 190 °C ins vorgeheizte Backrohr geschoben.

Für Teigdreiecke werden aus dem ausgerollten Teig Dreiecke geschnitten, die etwa 10 Minuten, wie oben beschrieben, gebacken werden und je nach Lust und Laune durch das Bestreichen mit Aromaöl aromatisiert werden können.

Mürbteigschiffchen

200 g Vollkornmehl
1 ½ TL Salz
2 Eier
70 g Butter

Aus den oben genannten Zutaten wird ein Mürbteig geknetet und 1 Stunde zum Rasten kalt gestellt. Dann wird der Teig dünn ausgerollt und eingeölte Förmchen nach Wahl damit ausgelegt. Verwenden Sie für Boden und Rand zusammen ein Teigstück, dann sind die Törtchen sicher dicht! Anschließend wird der mit der Gabel mehrmals eingestochene Teig 10 Minuten im vorgeheizten Backrohr bei 190 °C hellbraun gebacken.

Die ausgekühlten Törtchen können nun nach Geschmack gefüllt werden, zum Beispiel mit Terrinenmasse.
Tipp: Mürbteig lässt sich in allen möglichen Größen und Formen backen und sowohl süß als auch pikant füllen.

Topfenteig für Täschchen

250 g Butter
250 g Mehl
Butter zum Bestreichen des Bachblechs
250 g Topfen
1 Eidotter zum Bestreichen der Täschchen

Verkneten Sie die Zutaten zu einem homogenen Teig, lassen Sie diesen 15 Minuten ruhen und walken Sie ihn dann auf dem bemehlten Tisch auf eine Stärke von 0,5 cm aus. Daraus werden kleine Rechtecke geschnitten, die zur Hälfte gefüllt und dann zusammengeklappt werden. Dann werden die Täschchen auf ein befettetes Backblech gelegt und mit dem Eidotter bestrichen. Anschließend werden sie bei 180 °C im vorgeheizten Backrohr 10 Minuten goldbraun gebacken.

Natürlich können aus dem Teig auch andere Formen ausgeschnitten bzw. geformt und gefüllt werden, wobei ein Keksausstecher sehr dienlich sein kann.
Tipp: Dieser Topfenteig ist sehr rasch zubereitet und eignet sich wie kein anderer zum Füllen mit Marmelade oder Mus.

Topfenteig kann sehr rasch zubereitet werden.

Brandteig für Windbeutel

45 g Butter
1 Prise Salz
Aroma nach Belieben (Aromaöl, geriebene Zitronenschale oder Extrakt)
150 ml Wasser
75 g Mehl
2 Eier

Butter, Wasser und Salz werden aufgekocht, bis die Butter schmilzt. Nun wird die Masse vom Herd genommen, das Mehl samt Aroma beigefügt und alles gut vermengt. Auf der ausgeschalteten heißen Herdplatte weiterrühren, bis ein weißlicher Belag den Topfboden überzieht. Dann den Teig leicht auskühlen lassen. Nun werden nach und nach die verquirlten Eier untergerührt, bis die Masse glänzt und fest ist. (Eventuell nicht die ganze Eimenge verwenden!) Daraus werden mit einem Esslöffel im Abstand von 4 cm Häufchen auf ein mit Backpapier belegtes Backblech gemacht, diese werden 15 Minuten kalt gestellt und nach einer 15-minütigen Backzeit von 175 °C im unteren Teil des Backrohres und einer

15 Minuten im Kühlen rasten lassen.

anschließenden 15–20-minütigen Backzeit bei 200 °C bei geöffneter Ofentür zum Auskühlen stehen gelassen. Dann werden die Windbeutel mit der Schere aufgeschnitten und nach Belieben gefüllt.

5. Grundschritte für Parfaits und Sorbets

Sorbets und Parfaits gelingen auch auch ohne Eismaschine.

Sorbets und Parfaits sind leichte, fruchtige Eissorten, die auch ohne Eismaschine problemlos gelingen. Der Unterschied liegt in den Zutaten. Ein Sorbet besteht nur aus Früchten und Zucker und hat dadurch eine „wassereisartige" Konsistenz, die durchaus sehr aromatisch sein kann, während beim Parfait noch andere Zutaten wie geschlagenes Ei oder Eidotter und Schlagobers (Süßrahm) dazukommen. Es schmeckt dadurch cremig wie eine klassische Eiscreme.

Beide Desserts lassen sich aus den verschiedensten Sommerfrüchten herstellen und können zusätzlich mit Blütenzucker aromatisiert werden. Da sie hauptsächlich sehr gesunde Früchte und Zucker – vorzugsweise braunen Zucker – enthalten, haben sie noch einen großen Vorteil im Vergleich zum industriell hergestellten Eis: Große und kleine Eisfreunde können ohne schlechtes Gewissen so viel essen, wie sie wollen!

Bei uns steht immer ein großes Gefäß mit Parfait im Tiefkühlfach bereit; im Sommer bereiten wir es aus frisch gepflückten Früchten und Beeren zu, im Winter aus den Tiefkühlvorräten. Natürlich bieten sich auch viele Beerenmischungen zur Sorbet- und Parfaitherstellung an, zu den gelungensten zählen sicherlich Himbeer-Brombeer-Sorbet, Himbeer-Marillen-Zitronenmelissen-Sorbet, Heidelbeer-Föhrenwipfelsirup-Sorbet und Sanddorn-Orangen-Apfel-Sorbet.

Sorbet aus wilden Beeren

400 g Himbeeren, Brombeeren, Heidelbeeren oder Sanddorn
1 EL Zitronensaft **100 g brauner Zucker**

Die mit dem Stabmixer pürierten Beeren werden durch ein Sieb gestrichen und mit Zucker und Zitronensaft gemixt, bis sich der Zucker aufgelöst hat. Nun wird die Masse in eine Dose mit Deckel gefüllt und ins Gefrierfach gestellt. Nach etwa 3–6 Stunden sollte die Masse mit einer Gabel durchgerührt werden, damit sich feine Eiskristalle bilden.

Serviert wird das Sorbet mit frischen Beeren und Schlagobers.

Parfait aus Früchten und Blüten

500 g Früchte
3 Eigelb
500 ml Schlagobers
200 g Staub- oder Blütenzucker
2 EL Zitronensaft

Die Früchte werden püriert und, wenn nötig, durch ein Sieb gestrichen. Nun wird das Fruchtmark mit der Hälfte des Staubzuckers verrührt und die zu einer dicken Schaumcreme geschlagenen Eigelb samt dem restlichen Zucker werden mit dem Zitronensaft unter das Fruchtmark gezogen. Zum Schluss wird das geschlagene Schlagobers (Süßrahm) unter die Parfaitmasse gehoben und das Parfait in vorgekühlte Förmchen gefüllt, die etwa 3 Stunden zum Gefrieren ins Tiefkühlfach gestellt werden.

6. Grundschritte für Terrinen

Terrinen sind Mischungen aus Joghurt, Obers (Süßrahm) und eventuell Topfen, die, gewürzt mit Kräutern, Früchten, ätherischen Ölen oder aromatisiert mit Sirup, Extrakt, Marmelade o. Ä., mithilfe von Geliermitteln, wie Gelatine oder Agar-Agar, verfestigt werden.

Die Geliermittelmenge hängt von der Zusammensetzung der Masse ab. Als Richtlinie gilt: Je mehr Schlagobers (Süßrahm) enthalten ist, desto weniger Geliermittel ist nötig, je mehr Flüssigkeit beigefügt wird – etwa Sirup –, desto mehr Geliermittel benötigt man, um die Masse zu verfestigen. Nach dem Herstellen und Einfüllen der Masse in die Formen ist, je nach Größe, eine Verfestigungszeit von 1–3 Stunden im Kühlschrank nötig.

Als Formen geeignet sind sowohl gewöhnliche Puddingformen als auch große Schüsseln und Gugelhupfmodelle, aus welchen die erhärtete Terrine herausgestürzt wird, sowie schon fertig gebackene Mürbteigschiffchen oder Schälchen in unterschiedlichen Formen.

Unserer Meinung nach sollten so deftige Terrinen in kleinen Portionen angerichtet werden, daher können sie ruhig stark aromatisiert sein, so dass ein paar Löffel voll Geschmack ein befriedigendes Erlebnis sind.

Servieren Sie aromatische Terrinen in kleinen Portionen.

Grundrezept für Terrinen

250 g Wildfrucht-Püree
250 ml Schlagobers
100 ml Joghurt
100 g brauner Zucker
abgeriebene Schale von 1 Limette
5 Blatt Gelatine (7 Blatt für die große Tortenform, damit die Masse schnittfest wird)
frische, kleine Früchte und Gewürzblättchen zum Dekorieren

Weichen Sie die Gelatineblätter in kaltem Wasser ein. In der Zwischenzeit wird das Obers (Süßrahm) geschlagen, die restlichen Zutaten in einer anderen Schüssel verrührt und dann unter das Schlagobers gehoben. Erwärmen Sie nun die eingeweichten Gelatineblätter in wenig Wasser, bis sie sich aufgelöst haben, und heben Sie diese vorsichtig unter die Masse, welche danach sofort in die vorbereiteten Förmchen gefüllt und etwa zwei Stunden oder über Nacht kühl gestellt werden muss, damit sie fest wird. Zum Servieren wird die Terrine aus der Form gestürzt und mit frischen Früchten und Blättchen dekoriert.

4 Arbeitsschritte – Wildfrüchtetee herstellen: *Frisch gesammelte Wildfrüchte für Tee: Weintrauben, Brombeeren, Hagebutten, Weißdorn, Schwarzer Holunder, Kornelkirschen (oben) Wildfrüchte auf Backblech aufgebreitet und zum Trocknen in die Sonne gestellt: Hagebutten, Brombeeren, Weißdorn, Holunder, Apfelstücke (unten) …*

7. Wildfrüchtetee selbst gemacht

Selbstverständlich können alle Teepflanzen sowohl frisch als auch getrocknet für die Teebereitung verwendet werden. Dies gilt auch für Wildfrüchte und Beeren. Tee aus frischem Kraut erfordert eine größere Menge an Pflanzen, da diese ja noch Wasser enthalten und daher nicht so aromaintensiv sind wie die getrockneten.

Zum Trocknen werden nur gut verlesene Früchte und Beeren verwendet. Das Trocknen erfolgt – anders als beim Trocknen von Kräutern – in der Sonne oder im geöffneten Backrohr bei 50 °C auf Backblechen, die mit Papier belegt sind. Verwenden Sie keinesfalls Zeitungspapier als Unterlage, denn die Schwermetalle der Druckerschwärze werden von den Pflanzenteilen aufgenommen und gelangen so in Ihren Tee. Der Trocknungsprozess sollte möglichst kurz gehalten werden, da die Früchte und Beeren an Inhaltsstoffen und Aroma verlieren, je länger sie in feuchtem Zustand liegen. Wenden Sie daher die Früchte des Öfteren, so dass sie von allen Seiten Luft bekommen. Im Herbst kann es wegen der bereits niedrigeren Temperaturen gerade beim Trocknen von Wildfrüchten und Beeren vorkommen, dass der natürliche Trocknungsprozess mehrere Wochen dauern bzw. das Trockengut gar zu schimmeln beginnen könnte. In diesem Fall trocknen Sie die Blüten, Blätter und Früchte im Backofen bei halboffener Tür und 50 °C. Achten Sie darauf, dass die Temperatur nicht überschritten wird, da das Aroma sonst verloren geht.

Sehr praktisch ist es, die mit Trockengut gefüllten Backbleche untertags in die Sonne zu stellen und abends einfach ins 50 °C beheizte Backrohr zu schieben, dann dauert der Trockenvorgang nur einige Tage.

Getrocknete Wildfrüchte und -beeren sollten trocken und lichtgeschützt gelagert werden, am besten eignen sich Gläser mit Schraubverschluss oder Teebüchsen aus Blech. Papier- und Stoffsäckchen sollten lediglich zur kurzzeitigen Lagerung verwendet werden, da sie für Schädlinge leicht zugänglich sind.

Trocken und lichtgeschützt lagern!

Meiner Erfahrung nach ist es besser, die Früchte sortenrein zu trocknen und aufzubewahren, so können sie nach Lust und Laune gemischt werden.

Im Unterschied zu Kräutertees werden Wildfrüchte- und Beerentees in kaltem Wasser angesetzt und aufgekocht. Nach 10–15-minütiger Rastzeit werden die Früchte abgefiltert. Bei Teemischungen mit Hagebutten müssen feine Teesiebe verwendet werden, um auch die Hagebuttenhaare abzufiltern!

Im Vergleich zu den herkömmlichen, meist künstlich aromatisierten Früchtetees schmeckt der selbstgemachte mild aromatisch, nicht so sauer und ist sehr bekömmlich. Das Aroma der getrockneten Früchte ist so rund und vorzüglich, dass Sie sicherlich keinen gekauften Früchtetee mehr trinken werden, wenn Sie den Unterschied kennen.

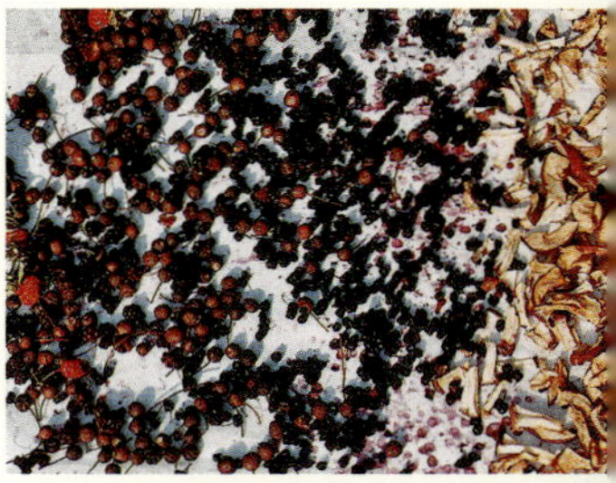

... Dieselben Früchte, gut getrocknet (oben)
Fertig gemischte und gemahlene Teemischungen: Hagebutten-, Zitronen-Wildfrüchte-Tee, gewürzter Wildfrüchtetee (unten)

Wildfrüchtetee

je 200 g unbehandelte Äpfel und Orangen
2 Handvoll getrocknete Hagebutten
je 1 Handvoll Weißdorn- und Holunderbeeren, Brombeeren sowie Pfirsichstückchen

Die unbehandelten Äpfel und Orangen werden samt Schale in Stückchen zerteilt und getrocknet. Dazu werden die Handvoll getrockneten Hagebutten und Weißdorn- und Holunderbeeren, Brombeeren sowie Pfirsichstückchen gemischt.

Nun wird diese Mischung in der Küchenmaschine vermahlen, und zwar so, dass die größten Stückchen 0,5 cm groß sind. Lagern Sie die fertige Teemischung kühl, trocken und lichtgeschützt.

Der Früchtetee wird idealerweise in kaltem Wasser angesetzt, aufgekocht und eine Viertelstunde ziehen gelassen.

Folgende Teemischungen sollten Sie unbedingt einmal versuchen:

Wildobsttee, schwarz

je 200 g unbehandelte Äpfel und Schwarzer Holunder
1 Handvoll Zierquittenstückchen
gehobelte, geschälte Mandeln

Die Früchte werden getrocknet und vor dem Zermahlen gemischt. Zum Schluss werden die ganzen Mandelplättchen hinzugefügt und alles nochmals durchgemischt.

Zitronen-Wildfrüchte-Tee

je 200 g Hagebutten, Apfelstückchen, Quittenstückchen
1 Handvoll Zierquittenstückchen
1 Handvoll Zitronenverbenen-Blättchen oder Zitronenmelissen-Blättchen

Die getrockneten Früchte werden miteinander vermischt und zerkleinert, erst dann werden die grob zerteilten Kräuter hinzugefügt.

Gewürzter Wildfrüchtetee

je 200 g Hagebutten, Apfelstückchen,
Schwarzer Holunder und Weißdorn
1 Handvoll Orangenstückchen samt Schale
(von unbehandelten Orangen)
2 TL Gewürznelken
1 Handvoll Mandelplättchen

Nach dem Trocknen der Früchte werden diese zuerst miteinander vermischt und zerkleinert. Am Schluss werden die Mandeln und Gewürze hinzugegeben.

8. Chutney-Grundrezept

Für die Herstellung von Chutneys gilt, was die beiden Hauptkomponenten des Aromas Zucker/Honig und Essig betrifft, Ähnliches wie für das süß-saure Einlegen.

Der Unterschied zwischen den beiden Verarbeitungsmethoden liegt in der Konsistenz und in der zumeist größeren Schärfe der Chutneys. Letztere erreichen Sie durch Beigabe von gekochten Chilischoten oder -pulver und einer höheren Dosierung von Ingwer, Pfeffer und anderen „Schärfebringern".

An Gewürzen wird wieder aus demselben Fundus wie beim Herstellen von süß-sauer Eingelegtem geschöpft. Häufig werden mehrere Fruchtarten miteinander gemischt. Je nach Fruchtart kann zwischen Weißwein-, Rotwein-, Apfel- und Fruchtessig gewählt werden. Auch Salz wird in größeren Mengen verwendet, die Zugabe von Öl dient der Verstärkung der Aromen.

Die Konsistenz eines Chutneys sollte dickflüssig bis cremig sein, es sollte möglichst keine großen Fruchtstückchen und Gewürze beinhalten, so dass ein genaues Dosieren der „scharfen Sauce" möglich ist.

Die Konsistenz sollte dickflüssig bis cremig sein.

Zur Chutney-Herstellung empfiehlt es sich, die Früchte gut zu zerkleinern, die Gewürze nur in pulverisierter Form beizugeben und nur wenig bis kein Wasser zuzufügen. Eventuell wird etwas Pektin unter die noch kalten Früchte gemischt. Der Fruchtbrei wird samt Gewürzen, Zucker, Essig und anderen Zugaben 60–90 Minuten eingekocht. Frische Gewürze werden erst am Schluss hinzugefügt und noch kurz mitgekocht.

Bewährt haben sich Schwarzer Holunder, Roter Holunder und Zwetschken, Apfel-Zwiebel-Beeren-Kombinationen sind ebenso äußerst geschmackvoll.

Für Chutneys ungeeignet sind Nüsse und Maroni, und zwar wegen ihres Aromas, ihrer Konsistenz und der Art der Verarbeitbarkeit.

Maroni und Nüsse sind für Chutneys ungeeignet!

Preiselbeer-Orangen-Chutney

500 g Preiselbeeren
2 säuerliche Äpfel
200 ml Weißweinessig
6 Nelken
Chili nach Geschmack
400 g Orangen
200 g brauner Zucker
150 ml Wasser
2 Zimtstangen

Die geschälten und in Stücke geschnittenen Orangen werden ohne Kerne samt den Apfelstückchen und den Preiselbeeren vermischt und unter Rühren etwa 15 Minuten samt den gemahlenen Gewürzen, dem Essig und dem Zucker gekocht. Das Chutney wird noch heiß in Gläser mit Schraubverschluss gefüllt, die sogleich verschlossen werden.

9. Kompott

Kompotte können zum Frischverzehr im Topf gekocht oder auch als Wintervorrat in Einmachgläsern eingekocht werden.

Beim Einkochen in so genannten Weckgläsern ist einiges fürs gute Gelingen zu beachten:

1. Verwenden Sie stets neuwertige Gummis und saubere, unbeschädigte Gläser.
2. Füllen Sie die Früchte-Zucker-Mischung bis auf $^2/_3$ der Glashöhe ein und gießen Sie mit Wasser auf.
3. Eine Sterilisierung kann sowohl im Backrohr als auch im Einkochtopf nach herkömmlicher Vorgangsweise erfolgen.
4. Beim Einkochen im Backrohr muss das Backblech, auf welchem die Weckgläser stehen, 2 cm hoch mit Wasser gefüllt werden. Die Gläser dürfen einander wie im Einkochtopf nicht berühren. Stellen Sie die kalten Gläser ins Rohr und heizen Sie das Backrohr auf 175 °C auf. Sobald die Flüssigkeit in allen Gläsern perlt, schalten Sie das Backrohr aus. Weiche Früchte bleiben noch 20 Minuten im Backrohr, harte Früchte 30 Minuten. Im Heißluftherd beträgt die Kochtemperatur nur 160 °C.

Achtung: Die Gläser dürfen einander nicht berühren!

Beerenkompott

Beerenkompotte werden nur kurz gekocht, da die Früchte sonst zerfallen würden. Sie eignen sich gut als Beigabe zu Eis, Pudding oder Süßspeisen, aber auch zu Wildgerichten.

Kompotte passen zu vielen Gerichten!

Preiselbeerkompott

1 kg Preiselbeeren
500 ml Wasser
1 Zitrone
250 g Einmachzucker
1 Orange

Die gut verlesenen Preiselbeeren werden in die vorbereiteten Gläser geschichtet. Die Orange und die Zitrone werden ausgepresst, ihr Saft mit dem Wasser und dem Zucker vermischt und unter Rühren erhitzt, bis sich der Zucker aufgelöst hat. Der heiße Zuckersirup wird nun über die Preiselbeeren gegossen, und zwar so, dass diese vollständig davon bedeckt sind. Die verschlossenen Gläser werden bei 90 °C 30 Minuten sterilisiert.

Heidelbeerkompott

1 kg Heidelbeeren
300 g brauner Zucker

Die gut verlesenen Heidelbeeren werden im Topf mit dem Zucker vermischt und 1 Stunde ziehen gelassen. Anschließend werden sie mit 1 l Wasser aufgegossen und 3 Minuten gekocht. Servieren Sie das Heidelbeerkompott zu Topfenstrudel oder auf Vanilleeis.

Obstkompott

Zwetschkenkompott mit Weisswein

1 kg feste Zwetschken
6 Gewürznelken
je 175 ml Wasser und Weißwein
125 g brauner Zucker
1 Zimtstange

Die ganzen Zwetschken samt Kern werden in dem schon vorbereiteten Kompottsud aus Wasser, Wein, Zucker und Gewürzen etwa 10 Minuten gekocht. Lassen Sie das Kompott 1 Tag ziehen und servieren Sie es kühl zu Süßspeisen, aber auch zu Wildgerichten!

Passt zu Süßspeisen, aber auch zu Wildgerichten.

Trockenobstkompott

Trockenobstkompott muss am Vortag zubereitet werden.

Trockenfruchtkompotte werden sehr gerne zu deftigen Speisen gereicht, da sie ein herb-süßes Aroma haben. Diese Kompotte müssen am Vortag zubereitet werden, damit die Früchte bis zum Verzehr richtig aufgequollen und saftig sind. An Trockenfrüchten bietet sich von der Zwetschke bis zur Dattel alles an, was vorrätig ist und schmeckt.

Grundrezept für Trockenobstkompott

1 l Wasser
je 1 Orange und Zitrone mit unbehandelter Schale
1 Zimtstange
300 g Trockenobst nach Wahl, auch gemischt

Die Orange und die Zitrone werden in dünne Scheiben geschnitten und mit der Zimtstange im Wasser 3 Minuten gekocht. Die heiße, abgefilterte Flüssigkeit wird über die Trockenfrüchte gegossen und das Kompott zugedeckt, so dass die Früchte bis zum nächsten Tag quellen können.

Pilzkompott

Servieren Sie doch einmal anstatt der allseits bekannten und beliebten Preiselbeermarmelade ein fruchtiges Pilzkompott zu Ihren Wildgerichten!

Grundrezept für Pilzkompott

1 kg Eierschwammerln
1 kg Nektarinen, Marillen oder Zwetschken
500 ml Wasser
300 g Honig
30 ml Essig
Zitronenthymian, Lemongras, Koriander, Gewürznelken und Wacholder nach Geschmack
1 Prise Salz

Die halbierten, entkernten Marillen werden mit den geputzten Eierschwammerln, den übrigen Zutaten und den Gewürzen, die in einem Stoffbeutel oder Tee-Ei stecken, in einem Topf etwa 20 Minuten gekocht, wobei die Früchte dann entnommen werden, wenn sie weich, aber noch nicht zerkocht sind. Zum Schluss werden die Gewürze entnommen und das Kompott zum Abkühlen zur Seite gestellt. Servieren Sie das Pilzkompott zimmerwarm.

Das Pilzkompott zimmerwarm servieren.

Tipp: Wenn Sie anstatt der Eierschwammerln Herbsttrompeten verwenden, passen Birnenhälften sehr gut dazu!

10. Wildfrüchte-Rumtopf

Zu den ganz besonders erlesenen Vorräten gehört der Rumtopf. Hier werden die verschiedensten, mit Zucker oder Honig gesüßten Früchte in 54%igem Rum, Weinbrand oder Calvados angesetzt. Je niedriger der Alkohlgehalt ist, desto geringer wird die Haltbarkeit der Früchte. Ich empfehle Ihnen daher, mindestens 54%igen Alkohol zu verwenden bzw. nach jeder Fruchteinlagerung sogar noch 3 EL Weingeist (96%iger Alkohol aus der Apotheke) beizugeben, um unerwünschtes Vergären zu verhindern.

Je niedriger der Alkoholgehalt, desto geringer die Haltbarkeit.

Für das gute Gelingen ist Dreierlei notwendig:

1. Makellose, reife, aromatische Früchte, 54%iger Rum und peinlichste Sauberkeit.
2. Die Früchte müssen, um einen Aromaverlust auszuschließen, ganz frisch verarbeitet werden.
3. Die Rumtopf-Saison beginnt mit den Erdbeeren, führt über Himbeeren, Süß- und Sauerkirschen zur Herbsternte, die Zwetschken, Birnen, aber auch Kornelkirschen und Mispeln beinhaltet. Dann wird der Ansatz bis zum 1. Adventsonntag zum Reifen kühl gestellt und anschließend verkostet. Im Jänner, wenn der Inhalt schon weniger geworden, aber noch viel Flüssigkeit übrig ist, kann er mit Ananas- und Clementinenstückchen sowie angestochenen Kumquats aufgefüllt werden.

Rumtopf-Wildkirschen, hier mit Crème Caramel serviert

Wildfrüchte-Rumtopf mit Honig

500 g Walderdbeeren
250 g Himbeeren
250 g Wildkirschen, entkernt
250 g Zwetschken, halbiert und entkernt
700 ml Rum, 54 Vol.-%
evtl. 3 EL Alkohol (96 Vol.-%) zur besseren Haltbarkeit
500 g Steinweichseln oder Sauerkirschen aus dem Garten, nicht entkernt
250 g Williams-Christ-Birnen, geschält, entkernt und in mundgerechte Stücke zerteilt
400 g milder Blütenhonig

Die Hälfte des Rums wird mit 250 g Honig im Rumtopf verrührt, bis sich der Honig zur Gänze aufgelöst hat. Nun werden die vorbereiteten Früchte nach und nach eingelegt. Anschließend wird der übrige Honig im restlichen Rum aufgelöst und zugegossen. Danach werden weitere Früchte eingelegt, bis das Gefäß voll ist. Sie können die eingefüllten Früchte entweder mit einem Teller beschweren, damit sie nicht aus der Flüssigkeit schauen. Es genügt aber auch, sie mit einem Löffel vorsichtig unter die Rumoberfläche zu drücken. Der Rumtopf wird bis zu seiner Verkostung um den 1. Advent kühl gelagert.

Der Rumtopf wird am ersten Adventsonntag erstmals verkostet.

Tipp: Die angegebene Menge ergibt 2 Liter Rumtopf.

Waldhimbeeren und Mandelsplitter in Himbeergeist

500 g Waldhimbeeren
500 g brauner Zucker
250 ml Himbeergeist
1 Handvoll Mandelsplitter
125 ml Wasser

Füllen Sie die verlesenen Himbeeren mit den Mandelsplittern schichtweise in ein Glas und bereiten Sie einen Zuckersirup, den Sie abkühlen lassen und über die Früchte gießen. Zum Schluss wird der Himbeergeist darübergegossen und das Glas verschlossen. Nach einer vierwöchigen Reifezeit können die Früchte verkostet werden.

Kornelkirschen in Amaretto

750 g Kornelkirschen
Saft von ½ Zitrone
125 ml Rum, 54 Vol.-%
250 g brauner Zucker
125 ml Amaretto

Reifezeit: 4 Wochen

Die verlesenen Kornelkirschen werden in Gläser geschlichtet und mit dem aus Zucker und erhitztem Zitronensaft bereiteten Zuckersirup übergossen. Nun werden die Gläser mit der Amaretto-Rum-Mischung gefüllt.

„Blühende" Buffets selbst gemacht

Waschen Sie nicht ab!

Lassen Sie andere arbeiten!

Gehen Sie spazieren!

Fangen Sie zu früh an!

Nutzen Sie die Gunst der Saison!

Ein Fest! Irgendeinen – nein, genau diesen Anlass gilt es zu feiern, fünfundzwanzig Gäste oder mehr (oder gar noch viel mehr?) werden erwartet.

Und – oder ja, das Essen! Selber machen oder doch die Gäste bitten, etwas mitzubringen? Nein, diesmal nicht wieder sieben verschiedene Variationen von Nudelsalat oder Kräuteraufstrich. – Also lieber selber, oder doch Catering? Nein – zu teuer, aber: die Arbeit! Das Geschirr! Dann noch alles einkaufen, und: Haben wir überhaupt genug Schüsseln zum Anrichten?

Eine heikle Aufgabe also, die so manche schlaflose Nacht bereitet. Schließlich möchten Sie ja in erster Linie feiern und sich mit den Gästen unterhalten und nicht kochen, Geschirr wegtragen und abwaschen.

Als kleine Hilfestellung dazu ein paar Tipps:

Waschen Sie nicht ab!

Schmutzige Teller machen Arbeit, stapeln sich an völlig unpassenden Orten zu ästhetisch zweifelhaften Figuren und zwingen die Gäste gemeinsam mit vollen Gläsern zu unterhaltungsstörenden Verrenkungen – fürstliche Tafeln seien hier ausgenommen. Daher: Lassen Sie das Geschirr im Kasten und zaubern Sie fingertaugliche Tascherln, Strudel, Mürbteigschiffchen, Spießchen, Brötchen, Kuchen, Muffins und Konfekte oder noch mehr im Sinne des „Finger-Picking-Food" neben einem Stapel Papierservietten. Für besonders ungeschickte Gäste können ja noch einige Papierteller bereit stehen. Aber ja, die Teller für eine pikante Fisch-Gemüse-Suppe gegen Mitternacht für die noch verbliebenen Gäste schafft der Geschirrspüler allemal!

Lassen Sie andere arbeiten!

Blätterteig bekommen Sie beim Bäcker, vielleicht auch Mürbteigförmchen. Brötchen sind keine fade Billiglösung, wenn das Brot frisch ist und das Obendrauf exquisit ausgewählt, zusammengestellt und drapiert wird.

Gemeinsam machen die Vorbereitungen fürs Büffet mehr Spaß!

Und: Bitten Sie einige Freunde um Hilfe! Gemeinsam geht so manches leichter und es macht auch sehr viel Spaß, schon etwas bei einem frühzeitigen Gläschen Bowle zu verkosten.

Gehen Sie spazieren!

Unterwegs im Grünen finden Sie nicht nur frische Luft, sondern auch Blätter als Unterlage zum Anrichten der Häppchen. Hier eignen sich besonders große Fundstücke wie Große Klette, Huflattich, Hopfen, Ahorn, Platane und Weinlaub, aber auch Rhabarber. Vielleicht riskieren Sie sogar einen Tausch der Pappteller mit Blättertellern? Im Winter eignen sich Kohl und eventuell ungiftige Zimmerpflanzen wie Avocado. Die Blätter müssen bis knapp vor dem Buffet-Aufbau kühl oder eingewässert gelagert werden.

Essbare Blüten sind eine hübsche Dekoration.

Weiters finden Sie Zweige und essbare Blüten als Dekoration und Farbtupfer, Äste und Steine als Unterlagen für Konfekt und andere kleine Häppchen, und, last but not least, ungewöhnliche Zutaten: Frühlingsblüten, frisches Grünzeug und Wildkräuter im Frühjahr und natürlich Wildfrüchte, Blüten und Duftendes im Sommer und Herbst. Vieles, das sich zum Verarbeiten und Verzieren eignet, kann hier gesammelt und zu Hause gelagert werden.

Süßer Rotkrautstrudel mit Quitten und Walnüssen, dekorativ vor einer „grünen Wand“ serviert

Fangen Sie zu früh an!

Die Minuten am Tag des großen Ereignisses sind kostbar und was immer Sie vorverlegen können, kostet Sie weniger Nerven, wenn Sie's einige Tage vorher tun. Gerade bei Buffets und frisch zubereiteten Speisen und Brötchen sind natürlich Grenzen gesetzt, aber Sie können schon eine Woche vorher:

- Ihre Zutaten- und Einkaufsliste verfassen;
- Ihre möglichen Helfer/innen organisieren;
- den Teig beim Bäcker bestellen oder andere Spezialzutaten besorgen;
- einen Sammelspaziergang in Ihren Zeitplan aufnehmen;
- Wildobst einlegen, Mus, Pürees, Chutneys und Eingelegtes herstellen, das nur noch geöffnet werden muss;
- Konfekt herstellen.

Nutzen Sie die Gunst der Saison!

Achten Sie bei der Speisenzusammenstellung für das Buffet, dass es mit jahreszeitlich passenden Zutaten, Gemüse und Früchten kombiniert und natürlich dekoriert wird. Zu jeder Jahreszeit gibt es typische Früchte, die in großen Mengen auch am Markt besorgt werden können und mit denen Sie die Buffetspeisen dann sehr effektvoll dekorieren können.

So kann zu fortgeschrittener Stunde auch die Dekoration verspeist werden. Sie lächeln! Ich habe schon Buffets erlebt, bei welchen nach kurzer Zeit buchstäblich nur noch Blätter und Äste übrig waren, man hätte denken können, ein Schwarm Wanderheuschrecken wäre vorbeigekommen.

Arrangieren Sie die Walderdbeerspeisen zum Beispiel neben einem Häufchen Kulturerdbeeren, den Kürbis-Weintrauben-Strudel neben Weintraubenbergen, Vogelkirschen-Törtchen auf Kirschhäufchen und verwenden Sie reichlich Obst der Saison, um Lücken zu füllen. Melonen lassen sich dekorativ aufschneiden, Oststilleben in verschiedenen Farben sind überaus nahrhaft für das Auge, aber auch diverse Gemüse der Saison fügen sich leicht und zierend in das „Blühende" Buffet ein.

Wichtig: Frisch, sauber gewaschen und bunt!

Wichtig dabei ist lediglich: Frisch, sauber gewaschen (eventuell noch nass) und reichlich bunt sollte das Arrangement sein. Vergessen Sie nicht auf essbare Blüten vom Markt, Garten oder von der Wiese!

Verzichten Sie jedoch darauf, nicht essbare Blüten oder Früchte zu verwenden – das stiftet nur Verwirrung!

Möchten Sie noch immer ein Catering-Unternehmen beauftragen?

Schönes Fest!

Unsere Lieblingsrezepte

April/Mai

Hier finden Sie:

Kiefernblüten

Bärlauch

Kiefernblüten *(Pinus-Arten)*

Botanische Merkmale und Standort

Die Kiefer ist ein bis zu 30 m hoher Nadelbaum mit schirmförmiger Krone und grober Borke. Je nach Art sind ihre Nadeln 5–12 cm lang und stehen zu zweit oder mehr in Quirlen an den Ästen. Die weiblichen Blüten sehen aus wie kleine, etwa 1–2 cm große Zäpfchen, aus diesen bilden sich dann die Kiefernzapfen. Die Kiefer ist in ganz Europa heimisch und kommt als Latsche (*Pinus mugo*) oder auch als Strobe (*Pinus strobus*) bis zur Baumgrenze hinauf vor.

Pflückhinweise und Sammeltipps

Die jungen, noch geschlossenen Blüten werden im April gesammelt, es können auch ganz junge grüne Zapfen zum Einlegen im Mai gesammelt werden. Alle Kiefernteile sollten bei Sonnenschein gesammelt werden, da sie dann einen höheren Anteil an ätherischen Ölen aufweisen und aromatischer sind.

Die Blüten und Zäpfchen können von allen Kiefernarten – auch von den Zier- und Zwergformen – gesammelt werden, sie unterscheiden sich jedoch im Aroma.

Verwendung in der Wildfrüchteküche

Die aromatischste aller Pinus-Arten ist die Latsche (*Pinus montana*), aus ihren Nadeln wird auch das Latschenkieferöl hergestellt. Kiefernsprosse wurden traditionell im Frühjahr – ebenso wie die Blüten und Nadeln – in der Volksheilkunde bei Husten und Lungenentzündung verwendet, aber auch eingelegt und getrocknet im Winter als Vitamin-C-Lieferant genutzt.

Die Blüten sollen vor dem Erblühen gesammelt werden.

Das heilkräftige Aroma ist auch eine Bereicherung für die Wildfrüchteküche. Wichtig ist, dass die Blüten aller Nadelbäume vor dem Erblühen gesammelt werden, ansonsten sind sie nicht mehr aromatisch und verstreuen ihren Blütenstaub in den Produkten, wodurch ein sandiger Geschmack entsteht.

Der „Waldsirup" kann sowohl zur Behandlung von Erkältungen und Husten als auch als Aromaträger für verschiedenste Speisen verwendet werden.

Unsere Lieblingsrezepte

Waldsirup

2 kg Kiefernsprosse
1 kg Rohrzucker
9 l Wasser
500 g Honig

2 kg frische Kiefernsprosse werden in 9 l Wasser aufgekocht und zugedeckt 2 Tage ziehen gelassen. Nach dem Abseihen und Auspressen der Sprosse wird die entstandene Flüssigkeit mit 1 kg Rohrzucker und 0,5 kg Honig leicht aufgekocht, bis sich der Zucker aufgelöst hat. Füllen Sie den Waldsirup noch warm in Gläser (nicht in Flaschen, da er dickflüssig wird !).

Eingelegte Kiefern- oder Fichtenblüten

100 g Fichten- oder Kiefernblüten
1 Prise Zitronensäure
80 g Zucker
50 ml Wasser

Wasser, Zucker und Zitronensäure werden aufgekocht, die Fichtenblüten eingelegt und etwa eine Minute ziehen gelassen, um dann sofort in kleine Gläschen gefüllt zu werden.

Passen gut zu Desserts oder Eis!

Die Blüten können als Dekoration von Desserts, Eis oder Terrinen verwendet werden.

Zäpfchensirup von Kiefer, Lärche oder Latsche (ergibt 0,5 l)

250 g Kiefernblüten oder 250 g Kiefernzapfen von 1–3 cm Größe, in Scheiben geschnitten
100 g brauner Zucker
100 g Honig
100 ml Wasser
Saft von 5 Zitronen oder 1 TL Zitronensäure

Aus dem Zucker, Wasser, Honig und der Zitronensäure wird ein kochender Zuckersirup zubereitet und die Kiefernblüten oder -zäpfchen etwa

Zäpfchensirup von Kiefern, eingelegte Fichtenblüten, Kiefernblüten-Sirup (von links nach rechts)

3 Minuten im heißen Sirup ziehen gelassen. Danach wird die Mischung heiß in kleine Gläser gefüllt. Lassen Sie den Ansatz mindestens noch 3 Tage ziehen.

Kiefernzäpfchen-Bowle (ergibt 6 Gläser)

1 Flasche Sekt
150 ml Kiefernzäpfchensirup
12 eingelegte Kiefernzäpfchenscheiben oder -blüten

Der in die Gläser gefüllte Sirup (kann schon vorbereitet werden) wird mit dem kühlen Sekt aufgegossen und mit den Scheibchen oder Blüten dekoriert.

Bärlauch *(Allium ursinum)*

Botanische Merkmale und Standort

Der Bärlauch hat eine kleine, längliche Zwiebel, aus der sehr zeitig im Frühjahr etwa 25 cm hohe, grundständige, lanzettliche, parallelnervige Blätter wachsen. Zwischen ihnen entspringen aufrechte, kantige Stiele mit weißen, sternförmigen Blüten, die, als kugelige Scheindolden angeordnet, höher sind als das Laub. Alle Pflanzenteile riechen intensiv nach Knoblauch. Bärlauch fällt besonders zur Blütezeit auf, da er oft in Massen auftritt und den Waldboden dann mit einem weißgrünen Blütenmeer überzieht. Der Bärlauch bevorzugt humusreiche Laub- und nährstoffreiche Auwälder.

Pflückhinweise und Sammeltipps

Bärlauch kann – wie alle Zwiebelgewächse – nicht getrocknet werden, da sich die aromatischen Senföle und mit ihnen sein Aroma dabei verflüchtigen.

Die Blütenknospen können Ende April/Anfang Mai gesammelt werden, solange sie noch knospig und fest sind. Am besten werden sie mit einer kleinen Schere knapp unter dem Kopf abgeschnitten.

Die kleinen, länglichen Bärlauchzwiebeln können ab jenem Zeitpunkt gegraben werden, ab dem der Bärlauch eingezogen ist, d. h., nichts mehr von seinen oberirdischen Teilen (Blättern und Blüten) vorhanden ist. Dies ist meist ab Juli der Fall. Um beim Ausgraben der Zwiebeln nicht so wild herumgraben zu müssen, empfiehlt es sich, sich eine geeignete Stelle zu markieren, solange man noch sieht, wo er wächst. Dann können die Wurzeln leicht mit einem Messer mit fester, breiter Klinge aus der Erde gehoben werden, da sie nur knapp unter der Erde stehen.

Achtung

Verwechseln Sie den Bärlauch nicht mit dem Maiglöckchen (*Convallaria majalis*) oder dem Aronstab (*Arum maculätum*) bzw. der Herbstzeitlose (*Colchicum autumnale*), die überaus giftig sind.

Pikant belegte Brötchen: Gervais-Osso Collo und Bärlauchblütenpesto, Bergkäse mit Bärlauchknospen, süß-sauer, Mozzarella mit Herbsttrompeten und Mostbirnen, süß-sauer, Camembert mit süßsauren Eierschwammerln (v. l. n. r.)

Verwendung in der Wildfrüchteküche

Die in Essig eingelegten oder in Essig marinierten und dann in Olivenöl eingelegten Blütenknospen des Bärlauchs ergeben sehr schmackhafte Kapern, die vorzüglich auf Antipasti-Teller sowie zu Käse und Rohschinken passen. Die Zwiebeln können wie Knoblauch verwendet oder ebenfalls eingelegt werden. Einige davon – im Herbst gegraben und in Olivenöl eingelegt – ergeben ein herrlich aromatisches Gewürzöl.

Auch Brötchen mit Bärlauchaufstrich sehen sehr extravagant aus, wenn sie mit eingelegten Knospen und Wurzeln verziert werden.

Bärlauch kann sehr vielseitig in der Küche eingesetzt werden.

Unsere Lieblingsrezepte

Bärlauchknospen, süss-sauer eingelegt

500 g Bärlauchknospen mit kurzen Stielen
Lorbeerblätter, Thymian, Koriander, Salz
50 g Honig
50 ml Weißwein
100 ml Balsamico-Essig

Wein, Honig und Essig werden mit den Gewürzen aufgekocht, anschließend werden die Bärlauchknospen hineingelegt und einige Minuten sanft gekocht. Dann werden die Knospen heiß in kleine Gläser gefüllt und mit dem heißen Gewürzsud übergossen, so dass sie damit völlig bedeckt sind.

Bärlauchknospen, süß-sauer, zeichnen sich durch ihren zarten Knoblauchgeschmack und ihre hübsche Form aus, sie dekorieren Antipasti-Teller, Tomaten-Mozzarrella-Salate, Schafkäse und kleine Brötchen.

Bärlauchknospen haben einen zarten Knoblauchgeschmack.

Bärlauchzwiebeln in Balsamico-Essig und Olivenöl

500 g Bärlauchzwiebeln, geputzt und vorsichtig gewaschen
100 ml Wasser
5 Gewürznelken
50 g Honig
1 Lorbeerblatt
Olivenöl zum Bedecken

Aus dem Essig und den übrigen Zutaten wird ein Gewürzsud gekocht, in den die Bärlauchzwiebeln eingelegt und 5 Minuten vorsichtig gekocht werden. Dann werden sie herausgehoben, in Gläser gefüllt und mit dem Olivenöl übergossen, so dass sie damit völlig bedeckt sind.

Bärlauchaufstrich mit eingelegten Zwiebeln und Knospen

250 g frischer Bauerntopfen
4 EL Bärlauchblütenpesto
oder Bärlauchpesto
eingelegte Bärlauchzwiebeln und -knospen
etwas Sauerrahm
150 g Osso Collo
1 frisches Baguette

Der Topfen wird mit dem Sauerrahm und dem Pesto vermischt und mit Salz abgeschmeckt. Danach wird das schräg und in dünne Scheiben geschnittene Baguette mit dem Bärlauchaufstrich etwa 6 mm dick bestrichen. Nun wird eine Hälfte der Brötchen mit den Bärlauchknospen, die andere Hälfte mit den Bärlauchzwiebeln, die in einer zur Tüte geformten Scheibe Osso Collo sitzen, geschmückt. Legen Sie die Brötchen zum Servieren abwechselnd auf ein großes Holzbrett.

Bärlauchblüten-Pesto

4 große Handvoll frisch erblühte Bärlauchblüten
4 EL Speisesalz
Rapsöl oder Sonnenblumenöl zum Bedecken

Die frisch gepflückten, ungewaschenen (!) und vom Stiel abgezupften Bärlauchblüten werden in eine Schüssel gegeben und gründlich mit etwas Öl und dem Salz vermischt. Füllen Sie nun die Blütenmischung in ein Glas mit Schraubverschluss, dessen Fassungsvermögen dem Volumen der gut zusammengepressten Blüten entspricht. Dann werden die Blüten mit Öl vollständig bedeckt. Nach einer Reifezeit von 8 Wochen kann das Blütenpesto verwendet werden. Sie werden über seinen süßen Geschmack, der im Abgang das knoblauchartige Bärlaucharoma entfaltet, begeistert sein!

Das Pesto braucht 8 Wochen Reifezeit.

Tipp: Servieren Sie das Bärlauchblütenpesto am besten auf warmem Pizzabrot oder Crackern.

Juni

Walderdbeere *(Fragaria vesca)*

Botanische Merkmale und Standort

Die weich behaarten, rundlichen, am Rande gezähnten Blättchen der Erdbeere sind dreizählig und sitzen auf einem etwa 20 cm langen Stiel. Auf dem etwa 15 cm hohen Blütenstängel mit den bekannten weißen Blütchen mit gelber Mitte und 5 Blütenblättchen erscheinen rote Sammelfrüchte mit winzigen grünen „Nüsslein". Walderdbeeren wachsen häufig an sonnigen Waldlichtungen und -rändern, auf sonnigen Böschungen und Wiesen.

Pflückhinweise und Sammeltipps

Walderdbeeren können ab Anfang Juni bis zum Frost gesammelt werden. Sammeln Sie doch auch gleich einige Blätter für einen kräftigenden Tee mit! In aufgelassenen Gärten und Parkanlagen sind oft indische Erdbeeren zu finden, die vor allem von hocherfreuten Kindern gerne mit der Walderdbeere verwechselt werden, obwohl sie sich durch die roten Nüsschen auf der Frucht und den grünen Blätterkragen um die Frucht eindeutig und leicht von dieser unterscheiden lassen! Die indische Erdbeere ist zwar nicht giftig, aber ohne Aroma und schmeckt daher fad. In manchen Büchern ist sie als ungenießbar ausgewiesen.

Verwendung in der Wildfrüchteküche

Die Früchte der Walderdbeere zeichnen sich durch ihr einmaliges Aroma aus; ihr Duft ist fast noch feiner als ihr Geschmack, der manchmal leicht bitter sein kann. Es gibt zwar Zuchtformen, die angeblich ein ähnliches Aroma haben (z. B. Mara de Bois), an eine echte Walderdbeere vom

Hier finden Sie:

Walderdbeere
Waldhimbeere
Walnuss, grün
Vogelkirsche
Maulbeere

Himbeer-Bowle, Seite 70

Wildstandort kommt jedoch nichts heran. Davon zeugen auch die vielen folgenden Rezepte.

Unsere Lieblingsrezepte

Walderdbeerleder

300 g Walderdbeeren
1 Apfel, entkernt und fein gerieben
1 TL Agar-Agar

Die Walderdbeeren werden zu einem Brei vermixt, ein fein geriebener Apfel sowie der Teelöffel Agar-Agar dazugemischt, um die Konsistenz zu verfestigen. Diese Masse wird 1 cm dick auf Butterbrotpapier aufgetragen und bei 70 °C getrocknet. Danach wird das Walderdbeerleder noch warm abgelöst und in kleine Quadrate geschnitten. Beim Kauen entwickelt sich nach kurzer Zeit der charakteristische, intensive Erdbeergeschmack.
Tipp: Erdbeerleder gehört zu den aromatischsten und fruchtigsten Genüssen, die man sich vorstellen kann.

Erdbeerleder schmeckt besonders aromatisch.

Erdbeerleder im Schokomantel

Die rautenförmig geschnittenen Erdbeerlederstückchen werden zur Hälfte in Kuvertüre getaucht und anschließend auf einem Gitter oder Tellerrand trocknen gelassen.

Limettenparfait mit marinierten Walderdbeeren

Marinierte Walderdbeeren:
120 g Walderdbeeren
1 Schuss Orangenlikör oder Rumtopfflüssigkeit
1 Dolde Holunderblüten
30 g brauner Zucker

Parfait:
4 Eier
20 g Zucker
2 Limetten
60 g Honig
250 ml Schlagobers

Für die marinierten Erdbeeren werden die Holunderblüten von der Dolde gezupft und mit den Erdbeeren, dem Zucker und dem Likör vermischt. Dann lässt man den Ansatz 1 Stunde kühl ziehen.

Für das Parfait werden die Eier mit dem Honig, dem Zucker und der abgeriebenen Limettenschale in einer Schüssel im Wasserbad schaumig geschlagen. Anschließend stellt man die Schüssel in kaltes Wasser und schlägt die Masse weiter, bis sie kalt ist.

Nun wird das geschlagene Schlagobers untergehoben, die Masse in eine Form gefüllt und für ca. 6 Stunden in den Gefrierschrank gestellt.

10 Minuten vor dem Servieren wird das Parfait aus dem Tiefkühler genommen, damit es antauen kann. Nun wird es mithilfe eines in heißes Wasser getauchten Messers in dünne Scheiben geschnitten und mit den marinierten Walderdbeeren angerichtet.

Tipp: Wer eine alkoholfreie Variante bevorzugt, mariniere die Erdbeeren in Holunderblütensirup!

Limettenparfait mit marinierten Walderdbeeren

Weisses Schokoladenkonfekt mit Walderdbeeren

100 g allerfeinste weiße Schokolade
4 Tropfen ätherisches Orangenöl oder abgeriebene Orangenschale von 1 unbehandelten Orange
40 g Holunderblütenzucker
50 g frisch gepflückte Walderdbeeren
30 Mini-Konfektförmchen aus Papier

Die Früchte sollen noch aus der Schokolade herausschauen.

Stellen Sie zuerst die Konfektförmchen bereit und die Walderdbeeren in Greifweite. Dann wird die Schokolade vorsichtig im Wasserbad geschmolzen, der fein verriebene Holunderblütenzucker eingerührt und mit dem ätherischen Öl oder der Orangenschale aromatisiert. Nun wird die Schokolade mit einem kleinen Löffel in die Konfektförmchen gefüllt, und zwar so, dass diese zu ²/₃ voll sind. Sobald die Schokolade etwas abgekühlt ist, werden die Walderdbeeren daraufgestreut. Die Früchte sollten nicht ganz versinken, sondern noch aus der Schokolade herausschauen. Nun wird das fertige Konfekt etwa 3 Stunden kühl gestellt und am besten noch am selben Tag verspeist.

Weißes Schokoladenkonfekt mit Walderdbeeren

Orangensorbet mit Rosen-Walderdbeeren

Sorbet:

4 unbehandelte Orangen
2 Eiklar
80 g brauner Zucker

Rosen-Walderdbeeren:

1 kleine Handvoll duftender Rosenblätter von Wildrosen oder Kulturrosen
120 g Walderdbeeren
30 g Zucker

Für das Sorbet werden von den Orangen die Schalen der oberen Hälften abgerieben und mit der Hälfte des Zuckers vermischt. Dann werden die Orangen halbiert, das Fruchtfleisch ausgeschabt und ausgepresst und der untere Teil der halbierten Früchte ins Gefrierfach gelegt, da diese

Orangensorbet mit Rosen-Walderdbeeren

zum Servieren verwendet werden. Nun wird der Orangensaft gesiebt, in einer Pfanne mit dem restlichen Zucker aufgekocht und 10 Minuten köcheln gelassen. Stellen Sie ihn dann zum Abkühlen weg und danach zum Einkühlen 10 Minuten in den Kühlschrank. Anschließend wird er mit dem Schneebesen etwas schaumig geschlagen und mit dem Eischnee vorsichtig vermischt. Füllen Sie nun die tiefgekühlten Orangenhälften mit der Masse und kühlen Sie sie etwa 2 Stunden ein.

Zur Zubereitung der Rosen-Walderdbeeren werden die Erdbeeren mit dem Zucker und den in Streifen geschnittenen Rosenblüten vorsichtig gemischt und mindestens eine Stunde gekühlt ziehen gelassen.

Vor dem Servieren werden die gefüllten Orangenschüsseln mit den Rosen-Walderdbeeren „gekrönt" und der Teller oder das Tablett, auf dem sie stehen, mit Erdbeeren und Rosenblättern dekoriert.

Vor dem Servieren werden die Orangenschüsseln mit den Rosen-Walderdbeeren garniert.

Walderdbeerentorte mit Holunderblütencreme

Biskuitboden:

130 g Kristallzucker
50 g Stärkemehl
abgeriebene Schale von 1 unbehandelten Zitrone
100 g Mehl
6 Eier
1 EL Vanillezucker
1 Prise Salz

Holunderblütencreme:

60 ml Holunderblütensirup
300 ml Joghurt
Schale von 1 unbehandelten Orange
40 g Zucker
250 ml Schlagobers
3 Blatt Gelatine

Belag:

250 g Walderdbeeren
2–3 Dolden Holunderblüten

Eier, Zucker, Vanillezucker und abgeriebene Zitronenschale samt Salz werden über Dampf zuerst warm und dann schaumig geschlagen und anschließend kalt gerührt. Nun wird das Mehl mit dem Stärkemehl vermischt und unter die Eimasse gerührt. Dann wird der Teig in eine gebutterte, bemehlte Springform gefüllt und im vorgeheizten Backrohr bei 200 °C ca. 30 Minuten gebacken.

Während das Biskuit auskühlt, kann die Cremefüllung zubereitet werden.

Dazu schlägt man das Schlagobers steif und mischt das Joghurt, den Zucker, den Holundersirup und die abgeriebene Orangenschale miteinander. In der Zwischenzeit wird die Gelatine in etwas Wasser eingeweicht und in einem Topf in wenig Wasser aufgelöst. Nachdem die flüs-

sige Gelatine etwas abgekühlt ist, wird sie in die Joghurtmasse gemischt, zum Schluss wird das steifgeschlagene Schlagobers untergehoben. Die Masse muss sofort verarbeitet werden, sonst wird sie fest.

Nun wird der ausgekühlte Biskuitboden wieder in die Springform zurückgegeben und mit der Masse gleichmäßig bestrichen. Sobald die Creme etwas fester geworden ist, werden die Walderdbeeren darauf verteilt.

Die fertige Torte wird etwa 3 Stunden kühl gestellt und vor dem Servieren mit abgezupften Holunderblüten bestreut.

Die Torte mindestens 3 Stunden kühl stellen.

Waldhimbeere *(Rubus idaeus)*

Botanische Merkmale und Standort

Der Himbeerstrauch besteht aus 2–3 m hohen, einzelnen Ruten, an denen 3–5 gelappte, hellgrüne Blätter mit weißer Unterseite wachsen. Die Ruten der Himbeere sind mit winzigen Stacheln übersäht, sie stechen ihrer Kleinheit wegen nicht richtig, sondern fühlen sich beim Darüberstreifen eher rau an. Im obersten Drittel der Rute entwickeln sich am zweijährigen Holz ab Juni bis zum Herbst die himbeerroten Früchte, die zu den aromatischsten Wildfrüchten zählen. Himbeeren wachsen auf Waldschlägen und an sonnigen Waldrändern.

Pflückhinweise und Sammeltipps

Ab Ende Juli sind die Himbeeren in Massen erntereif in den Waldhimbeerschlägen zu finden. Ihre Ernte ist wegen der Hitze im meist steilen Schlag, der mannshohen, leicht kratzenden Himbeerranken sowie der Insekten sehr mühsam und es ist nicht zu empfehlen, dies mit kleineren

Kindern zu versuchen. Die Mühe lohnt sich aber allemal, gibt es doch keine Zuchthimbeeren, die geschmacklich und inhaltsstofflich an die Waldhimbeeren herankommen.

Gummistiefel und lange Hosen sind bei der Himbeerenernte ein Muss!

Traditionell wird das Erntegut in leere Milchkannen, die bequem gehalten werden können, gefüllt. Gummistiefel und lange Hosen sind wegen der Schlangen, die Sonnenbäder in heißen Himbeerschlägen lieben, ein Muss!

Verwendung in der Wildfrüchteküche

Waldhimbeeren gehören zu den aromatischsten Wildfrüchten und sind in der Wildfrüchteküche sowohl für den Frischverzehr auf Torten und Desserts als auch veredelt als Sirup oder Essig vielseitig verwendbar. Versuchen Sie einmal einen Wildfrüchtesalat aus Waldhimbeeren, Walderdbeeren und Johannisbeeren! Himbeergelee, -marmelade und -kompott sind eine wertvolle Bereicherung des Speiseplanes in der vitaminärmeren Zeit, die sich auch durch ihr besonders köstliches Aroma auszeichnen.

Getrocknete Himbeeren eignen sich hervorragend zur Aromatisierung von selbstgemachtem Früchtetee, was ich ihnen nur wärmstens empfehlen kann!

Getrocknete Himbeerblätter werden vielen Tees beigefügt.

Gezuckerter Himbeersirup (7 Teile Früchte zu 10 Teilen Zucker) und Himbeeressig (1 Teil Himbeersirup zu 2 Teilen Weinessig) werden in der Volksheilkunde noch immer zur Herzstärkung eingesetzt und gelten bei Krankheiten mit hohem Fieber als wahres Wundermittel. Ein Glas Himbeersirup wird selbst von sehr kranken und fiebrigen Kindern nicht verschmäht und ist eine Medizin, die nicht nur stärkt, sondern auch den Gaumen verwöhnt. Da Himbeerblätter eine wichtige Teebeigabe darstellen, möchte ich ihnen noch ein Teerezept empfehlen:

Feiner Haustee

3 Teile Himbeerblätter, 1 Teil Brombeerblätter werden angetrocknet, mit dem Nudelwalker fest zerdrückt und mit lauwarmem Wasser angefeuchtet, anschließend werden sie in ein Geschirrtuch eingewickelt und in warmer Umgebung 3–4 Tage feucht gehalten, damit sie fermentieren. Sie werden braun und entwickeln einen eigenen Duft, dann werden sie getrocknet, fein zerkleinert und lichtgeschützt und trocken in einem Glasgefäß gelagert. Dieser Tee schmeckt so fein wie Chinesischer Schwarztee, er ist aber viel bekömmlicher.

Unsere Lieblingsrezepte

Süsse Himbeer-„Makis“ und Minz-„Makis“

Himbeer-Makis:

250 g Rohmarzipan
100 g Waldhimbeeren
feste Blätter zum Einrollen der Makis, z. B. Platanenblätter
100 g Kuvertüre
30 g Kokosraspeln
30 g Zucker

Minz-Makis:

250 g Rohmarzipan
1 Handvoll Minzeblätter
feste Blätter zum Einrollen der Makis, z. B. Weinrebenblätter
100 g Kuvertüre
80 g Pistazien, fein gehackt
20 g heller Honig

Für die Himbeer-Füllung werden die Himbeeren mit dem Zucker unter ständigem Rühren in einer Pfanne eingekocht. Sobald die Masse verflüssigt ist, werden die Kokosraspeln beigefügt und so lange eingekocht, bis ein dicker Brei entstanden ist. Nun lässt man die Masse abkühlen.

Für die Minze-Füllung wird die Minze fein gehackt und mit den Pistazien und dem Honig vermischt.

Für die Makis wird das Rohmarzipan ausgerollt, und zwar so, dass 2 Streifen von ca. 0,5 cm Dicke und 5 cm Breite entstehen. Nun wird aus den beiden Füllmassen eine Rolle von 1 cm Durchmesser geformt und diese jeweils in die Mitte eines Streifens gelegt. Dann werden die Marzi-

panstreifen um die Füllungsrollen gewickelt, so dass diese den Kern bilden. Die Längsseiten der Streifen sollten genau aneinanderstoßen.

Die zwei entstandenen Marzipanrollen mit Himbeer- bzw. Minzefüllung werden in die flüssige Kuvertüre getaucht und in die vorbereiteten Blätter gewickelt, und zwar so, dass die Blattadern auf der Schokolade liegen (sie ergeben eine schöne Maserung). Nun läßt man die Schokolade im Kühlen trocknen und wickelt anschließend die Rollen aus den Blättern. Danach werden die Rollen mit einem scharfen Messer in etwa 3 cm lange, dekorative Stücke geschnitten. Servieren Sie die Makis auf frischen Blättern.

Himbeer-Bowle

1 große Handvoll Himbeerblätter
1 Handvoll Blätter der Zitronenverbene
100 g Zucker
1 l Wasser
1 große Handvoll Blätter der Schwarzen Johannisbeere
1 Flasche gekühlter Frizzante oder Sekt
200 g Waldhimbeeren
1 Limette, in Scheiben geschnitten

Anstatt des Blättertees kann auch der selbstgemischte Früchtetee mit Schwarzen Johannisbeerblättern genommen werden (siehe Kapitel „Früchtetee", Seite 42 ff.).

Aus den Blättern wird 1 Liter Tee bereitet, der nur etwa 3 Minuten ziehen sollte. Lassen Sie den Tee abkühlen, fügen Sie Zucker, Himbeeren und Limettenscheiben bei und stellen Sie den Tee für 1 Stunde zum Ziehen ins Kühle. Unmittelbar vor dem Servieren wird mit dem Sekt aufgegossen.

Himbeer-Buttermilch-Kaltschale

250 g Waldhimbeeren
50 g brauner Zucker
Schale von 1 unbehandelten Zitrone, fein abgerieben
1 TL brauner Zucker
1 l Buttermilch
100 ml Milch
30 g Butter
60 g feine Haferflocken

Die Himbeeren werden mit dem Zucker und etwas Buttermilch mithilfe eines Stabmixers püriert, anschließend fügt man die restliche Buttermilch und die abgeriebene Zitronenschale hinzu. Die Himbeer-Buttermilch-Kaltschale wird gekühlt in Suppentassen serviert, wobei man die in Butter und Zucker gerösteten Haferflocken darüberstreut.

Kokos-Eis mit heissen Waldhimbeeren

Heiße Waldhimbeeren:
300 g frisch gepflückte Himbeeren
100 g brauner Zucker
evtl. 1 Schuss Grappa oder Himbeergeist

Kokos-Eis:
250 ml Milch
8 Dotter
Schale von 1 unbehandelten Orange
200 g brauner Zucker
250 ml Schlagobers
100 g Kokosraspeln

Die Himbeeren werden mit dem Zucker und etwas Wasser zum Kochen gebracht, evtl. wird ein Schuss Alkohol eingerührt, danach nimmt man die Beeren vom Herd und serviert sie heiß.

Für das Zubereiten des Kokos-Eises ist eine Eismaschine nötig, ansonsten holen Sie das Eis am besten vom nächsten Eissalon.

Wenn Sie keine Eismaschine haben, holen Sie das Eis vom Eissalon Ihres Vertrauens.

Die Kokosraspeln werden in der Milch kurz aufgekocht und zum Auskühlen weggestellt. Währenddessen werden die Dotter mit dem Zucker schaumig gerührt und die geriebene Orangenschale untergemischt. Die Milchmischung wird dann in die Dottermasse eingerührt, zum Schluss wird das halbsteif geschlagene Obers untergehoben. Dann kommt die Masse für 20 Minuten in die Eismaschine.

Servieren Sie die heißen Himbeeren klassisch, indem Sie sie über die Eiskugeln gießen.

Waldhimbeertorte aus Mürbteig

Mürbteig:

250 g Mehl
110 g Butter
Schale von 1 unbehandelten Zitrone, fein gerieben
100 g Staubzucker
1 Ei
1 Prise Salz

Creme und Belag:

1 l Milch
4 Eier
1 Schuss Orangenlikör
2 Pkg. Vanillepuddingpulver
300 g Waldhimbeeren

Alle Teigzutaten werden rasch zu einem kompakten Mürbteig verknetet, der für 45 Minuten kühl gestellt wird. Anschließend kleidet man damit eine Tortenform aus und bäckt den Teig bei 190 °C im vorgeheizten Backrohr ca. 20 Minuten.

Für die Creme wird die Milch aufgekocht, das in etwas Milch angerührte Puddingpulver eingerührt und 1 Minute unter Rühren gekocht. Danach nimmt man den Pudding vom Herd und rührt die Eidotter und den Orangenlikör ein.

Die Eiklar werden zu Schnee geschlagen, der beim beginnenden Stocken des Puddings untergehoben wird. Anschließend wird die Masse sofort auf dem ausgekühlten Mürbteigboden verteilt und mit den Himbeeren belegt, die man vor dem Servieren noch mit etwas Staubzucker bestreut.

Zum Schluss wird die Torte mit Staubzucker bestreut.

Himbeer-Marzipan-Pilze (ergibt 2 große und 2 kleine Pilze)

4 Schüsselchen mit gewölbtem Boden für die Pilzkappen
500 g Rohmarzipan zum „Versteifen" der Pilze
etwas Weißmohn für die Stiele
Holunderblüten zum Bestreuen
200 g Rumtopf-Früchte oder marinierte Beeren zum Dekorieren.

Mousse:

250 g beste weiße Schokolade
Schale von ½ unbehandelten Orange
600 ml Schlagobers
2 Eidotter
3 Blatt Gelatine

Himbeersauce:

100 g Waldhimbeeren
30 g Zucker

Das Marzipan wird zwischen Plastikfolien ca. 3 mm dick ausgerollt, daraus werden 4 Scheiben, die zu den Schüsselchen mit dem gewölbten Boden passen, geschnitten. Legen Sie die Scheiben zum Trocknen beiseite. Die Marzipanreste werden nochmals zusammengeknetet, wieder 3 mm dick ausgerollt und 4 Rechtecke für die mit Mousse gefüllten Pilzstiele geschnitten. Bestreuen Sie die Rechtecke auf einer Seite mit Weißmohn, den sie festdrücken. Dann wird aus jedem Rechteck ein hohler Zylinder geformt, die einander berührenden Kanten werden am Stoß sanft zusammengedrückt und verstrichen.

Dann wird das Mousse zubereitet. Dazu wird die weiße Schokolade im Wasserbad langsam geschmolzen, die Orangenschale und die 2 Dotter untergemengt, das geschlagene Schlagobers untergehoben und die zuvor eingeweichte und in wenig Wasser aufgelöste Gelatine beigefügt. Nun wird das Mousse in die Stiele und Pilzkappen-Schüsserln gefüllt, am besten gelingt dies mit einem Spritzsack. Anschließend werden die Pilzteile mindestens 3 Stunden kühl gestellt, damit das Mousse fest wird.

Für die Himbeersauce wird aus den Himbeeren und dem Zucker mittels Stabmixers ein feines Fruchtpüree bereitet, das anschließend kurz aufgekocht und dann zum Auskühlen kalt gestellt wird.

Setzen Sie die Pilze erst kurz vor dem Servieren zusammen, da sie nicht besonders gut stehen.

Zusammensetzen der Pilze: Die Pilze werden erst kurz vor dem Servieren zusammengesetzt, da sie nur begrenzt standfest sind. Die Pilzkappen und die Stiele werden zusammengefügt, die Kappen dann mit der Himbeersauce bestrichen und die fertigen Pilze auf die Servierteller platziert. Nun werden die Kappen mit den Holunderblütchen bestreut und das Drumherum mit marinierten oder frischen Beeren und Blättchen dekoriert. Die Himbeer-Marzipan-Pilze sind etwas aufwändiger herzustellen als die meisten unserer Rezepte, der Aufwand lohnt sich jedoch unbedingt!

Walnuss, grün *(Juglans regia)*

Botanische Merkmale und Standort

Der Walnussbaum ist ein stattlicher Baum von bis zu 30 m Höhe und grauer Rinde. An einem Blattstiel stehen sich bis zu 9 rundlich-eiförmige, glatte, etwa 5–6 cm große Einzelblättchen paarweise gegenüber, ein einzelnes sitzt am vorderen Blattende. Die Blüten, die mit den jungen Blättchen im Mai erscheinen, sehen aus wie etwa 10 cm lange grüne Würstchen, sie fallen nach der Blüte ab und bedecken in großen Mengen den Boden. Der kälteempfindliche Baum kommt in unseren Breiten in Weinbaulagen häufig vor, auch verwildert in alten Obstwiesen.

Pflückhinweise und Sammeltipps

Die grünen Nüsse müssen Ende Mai gesammelt werden, solange die Nussschale noch nicht verhärtet ist. Ziehen Sie dabei Handschuhe an und drehen Sie die Nüsse vom Ast herunter.

Verwendung in der Wildfrüchteküche

Schon in der Steinzeit wurde der aus Asien stammende Walnussbaum für Ernährungszwecke genutzt, wobei vorwiegend die reifen Früchte gesammelt wurden. Die Walnussblätter besitzen – wie die unreifen Früchte

– einen starken, balsamischen Geruch und schmecken etwas bitter und scharf. Eingelegt, verlieren sie das Bitteraroma. Das junge, noch rötliche Laub kann – in kleiner Menge – mit den grünen Nüssen geerntet werden und dient als pilzartig anmutende Würze für einen Kartoffelstrudel. In der Volksheilkunde gelangt der Schnaps aus grünen Nüssen als Heilmittel bei Magenbeschwerden zum Einsatz. Grün eingelegte Walnüsse sind eine herrliche Beigabe zu Käse und kaltem Fleisch.

Eingelegte Walnüsse passen gut zu Käse.

Unsere Lieblingsrezepte

Schnaps aus grünen Walnüssen

25 grüne Walnüsse
½ Ingwerwurzel
1 g Gewürznelken
1 l Branntwein
2 Zimtstangen
¼ l Zuckersirup

Die grünen Nüsse werden in dünne Scheiben geschnitten und in eine Flasche mit weitem Hals gefüllt; dann werden der in Scheiben geschnittene Ingwer, die Gewürznelken und die Zimtrinde beigefügt und mit dem Branntwein aufgegossen.

Die verschlossene Flasche wird nun einen Monat in die Sonne gestellt, danach wird mit ¼ l kaltem Zuckersirup aufgegossen und die Mischung einen weiteren Monat in die Sonne gestellt. Nun wird der Nussschnaps abgefiltert und 2 Wochen zum Nachreifen dunkel und kühl gelagert.

Der Nussschnaps soll mindestens 2 Wochen nachreifen.

Grüne Likörnüsse (ergibt 4 Gläser zu je ½ l Inhalt)

1 kg grüne Walnüsse, deren Schale noch nicht verholzt ist
1 kg brauner Zucker
1 Vanilleschote
1 TL Piment
150 ml Wasser
400 ml Mostessig
5 Zimtstangen
1 EL Gewürznelken
1 TL Koriander

Die Nüsse werden wie beim Kandieren etwa zehnmal bis zur Mitte angestochen, dann werden sie in reichlich Wasser aufgekocht, 5 Minuten ziehen gelassen, herausgesiebt und mit kaltem Wasser abgeschreckt. Der Sud wird weggeschüttet. Dann wird der Zucker karamellisiert, mit Essig und Wasser gelöscht und mit den anderen Zutaten aufgekocht. Danach übergießt man die Walnüsse in einer Schüssel mit dem heißen Sud, beschwert sie mit einem Teller und lässt sie 2 Tage ziehen.

Anschließend wird der Sud abgegossen, aufgekocht und mit den darin befindlichen Walnüssen etwa 45 Minuten heiß ziehen gelassen; anschließend werden die Nüsse herausgenommen, in die Gläser gefüllt und mit dem noch etwa 30 Minuten wallend eingekochten Sud übergossen, und zwar so, dass sie vollständig davon bedeckt sind.

Reifezeit: mindestens 6 Monate!

Die Nüsse sollten nun mindestens 6 Monate reifen und können dann zu Geflügel- und Wildgerichten, Pasteten, kaltem Fleisch und Käse, aber auch auf Antipasti-Tellern serviert werden.

Blattsalat mit Käsebällchen und grünen Likörnüssen

Käsebällchen:

400 g Joghurt
200 ml Sauerrahm

Salat:

1 Zuckerhut
12 Cocktailtomaten
1 Handvoll Rucola
12 Likörnüsse

Marinade:

3 EL Weißweinessig
1 EL gehackte Petersilie
4 EL Olivenöl

Legen Sie ein Küchensieb mit einem Tuch aus, und geben Sie das mit Sauerrahm, Salz und Pfeffer verrührte Joghurt zum Abtropfen hinein. Anschließend wird es über einer Schüssel über Nacht in den Kühlschrank gestellt.

Mit den geputzten Salat- und Rucolablättern wird ein Teller belegt, die halbierten Tomaten darauf verteilt und alles mit der Marinade beträufelt. Zum Schluss werden die aus der Frischkäsemasse geformten Käsebällchen und die in Scheiben geschnittenen Likörnüsse darauf verteilt.

Für ein Buffet können Sie auch kleine Portionen auf jeweils einem Salatblatt vorbereiten.

Kalte Putenbrust mit Likörnüssen

Die Putenbrust wird in hauchdünnen Scheiben angerichtet und mit den ebenfalls hauchdünn geschnittenen Likörnüssen und Walnusshälften dekoriert. Sehr gut dazu passen auch kandierte und in Balsamico-Essig eingelegte Feigen und marinierte Zwiebelscheiben. Reichen Sie dazu frisches Baguette.

Walnusslikör (ergibt 2 Likör)

16 grüne, geviertelte Walnüsse
1 TL Gewürznelken
500 ml Wasser
1 TL geriebene Muskatnuss
1 l Weingeist, 90 Vol.-%
½ kg brauner Zucker

Füllen Sie die Walnüsse samt den Gewürzen in ein Einmachglas und übergießen Sie diese mit dem Weingeist. Das gut verschlossene Glas wird nun an einem sonnigen Platz 40 Tage ziehen gelassen. Dabei wird der Ansatz braunschwarz.

Dann wird aus dem Zucker und dem Wasser ein Sirup gekocht und dieser noch warm zum Ansatz gegossen. Nun wird der Likör gefiltert und in Flaschen gefüllt. 6 Monate Reifezeit sind nötig, um das Aroma abzurunden.

Vogelkirsche *(Prunus avium)*

Botanische Merkmale und Standort

Die Vogelkirsche ist ein zierlicher Waldbaum, wird 10–20 m hoch, hat eine braungraue Ringelborke und eine schöne, rotgelbe Herbstfärbung. Die Blätter sind oval und zugespitzt, der Blattrand ist doppelt gesägt und an ihrem Blattstiel sitzen 2 Drüsen, die wie kleine Kugeln abstehen. Die weißen Kirschblüten erscheinen vor den Blättern um die Osterzeit und stehen in dichten Büscheln wie später auch die schwarzen Früchte. Vogelkirschen sind in lichten Wäldern, an Waldrändern und auf Weinbergen weit verbreitet und bieten ein prachtvolles Erscheinungsbild.

Pflückhinweise und Sammeltipps

Traditionell ist es üblich, niemals Zweige fruchttragender Bäume für Sträuße abzureißen, da diese noch viele saftige Früchte bringen. Die reifen, schwarzen Wildkirschen sind ab Mitte Juni zu finden. Pflücken Sie die Früchte samt den Stielen, da Sie aus diesen einen schleimlösenden Hustentee bereiten können. Die Stiele müssen lediglich zum Trocknen aufgelegt und im Krankheitsfall mit heißem Wasser aufgegossen werden. Dann lässt man den Aufguss 10 Minuten ziehen und trinkt ihn mit Honig gesüßt.

Verwendung in der Wildfrüchteküche

Das Aroma reifer Wildkirschen, frisch vom Baum gepflückt, gehört wohl zu den schönsten Frühsommererlebnissen. Ingwer-Kirschen, Rumtopf-Wildkirschen und Honig-Wildkirschen sind sehr aromatische Überbrückungsmöglichkeiten bis zur nächsten Erntezeit!

Auch getrocknete Kirschen sind einen Versuch wert. Sie stellen als herrliche Nascherei für zwischendurch Schokolade und ähnliche Süßigkeiten in den Schatten und können auch zu Kompotten, Florentinern (siehe Kapitel „Kornelkirsche“, Seite 132 ff.) und Tee weiterverarbeitet werden.

Getrocknete Vogelkirschen sind eine schmackhafte Nascherei.

Unsere Lieblingsrezepte

Ingwer-Wildkirschen

300 g entkernte Wildkirschen
½ TL fein gehackter Ingwer
80 g Honig

Schmecken warm und kalt serviert.

Erwärmen Sie den Honig mit dem Ingwer, geben Sie die Kirschen bei und lassen Sie alles zusammen unter Rühren einkochen.
Tipp: Ingwer-Kirschen können warm oder kalt zu Mousse oder Parfait bzw. Eis serviert werden.

Weisses Schoko-Lavendel-Mousse mit Ingwer-Wildkirschen

120 g weiße Schokolade
2 Eidotter
3 EL Orangenlikör
3 große oder 8 kleine Lavendelblütenköpfe
300 ml Schlagobers
1 Blatt Gelatine
2 TL Zucker
1 Glas Ingwer-Kirschen

Die vom Stiel gezupften Lavendelblüten werden mit dem Zucker und dem Orangenlikör vermischt und über Nacht ziehen gelassen. Anschließend werden sie durch ein Sieb geseiht oder mit dem Stabmixer püriert und ohne Ziehen über Nacht durch ein Stoffsieb gegossen. Nun wird das Obers steif geschlagen, während die Schokolade vorsichtig im Wasserbad geschmolzen wird. In die flüssige Schokolade werden die Dotter und die zuvor eingeweichte und in wenig Wasser aufgelöste Gelatine eingerührt. Dann folgt der Lavendelorangenlikör. Zum Schluss wird das Schlagobers untergehoben und die Schüssel 2 Stunden kühl gestellt. Stechen Sie mit einem in heißes Wasser getauchten Löffel aus dem Mousse Nockerln aus, die Sie mit den Ingwer-Kirschen dekorieren.

Buchweizen-Crêpes mit Honig-Wildkirschen und Walnüssen

Crêpeteig:

200 g Vollkorn-Buchweizenmehl
2 Eier
½ TL Salz
150 g Vollkorn-Dinkelmehl
400 ml Sonnenblumenöl
600 ml Sodawasser

Fülle:

400 g entkernte Wildkirschen
240 g fein gehackte Haselnüsse
120 g Honig

Für die Fülle lässt man die Kirschen mindestens eine Stunde im Honig ziehen. Dann werden die Haselnüsse in einer Pfanne leicht geröstet.

Nun werden alle Zutaten gut miteinander verrührt und der Crêpe-Teig 2 Stunden (oder über Nacht) quellen gelassen, dann wird er in Portionen hauchdünn in eine erhitzte, befettete Gusseisenpfanne oder Crêpe-Pfanne gegossen, angebacken, einmal gewendet und fertig gebacken.

Die fertigen Crêpes werden mit den Honigkirschen gefüllt, gerollt oder geklappt und mit den warmen, gerösteten Nüssen serviert.

Rumtopf-Wildkirschen

300 g Wildkirschen
60 g Honig
120 ml Rumtopf-Flüssigkeit mit einigen Rumtopfkirschen

Der Honig wird in der kalten Rumtopf-Flüssigkeit aufgelöst und die Wildkirschen werden etwa 2 Stunden in der Flüssigkeit ziehen gelassen. Dann können sie serviert werden. Rumtopf-Wildkirschen passen hervorragend zu Crème Caramel und Grießflammeri.

Wildkirsch-Marmelade mit Steinkleeblüten

600 g entkernte Wildkirschen
Pektin für 1 kg Früchte
200 g Blütenhonig
1 Handvoll Steinkleeblüten

Den Steinklee in einem Tee-Ei mitkochen!

Die Wildkirschen werden mit ganz wenig Wasser und dem Pektin vermischt, dann wird der Honig untergerührt und die Mischung unter ständigem Rühren erhitzt und 15 Minuten eingekocht. Der Steinklee wird in ein Tee-Ei gefüllt oder mit einem Stoffsäcklein umhüllt und 3 Minuten mitgekocht. Dann wird er entfernt und die Marmelade wird nochmals kurz aufgekocht und heiß in kleine Gläser gefüllt. Anstatt des Steinklees kann auch etwas Waldmeistersirup verwendet werden.

Diese Marmelade zeichnet sich durch ein fruchtig-süßes Aroma aus und ist eine Delikatesse aufs Frühstückskipferl!

Maulbeere *(Morus alba, Morus nigra)*

Botanische Merkmale und Standort

Die großen, breit ausladenden Bäume sind im Mittelmeergebiet (Frankreich, Griechenland) sehr stark verbreitet, aber auch im österreichischen Weinbaugebiet sind sie häufiger zu finden, als man glauben würde. Auch als Alleebäume kommen sie vor. Die sehr aparten Bäume mit den dunkelgrünen, rundlich-herzförmigen Blättern, deren Rand gesägt ist, sind eine Zier für jeden Garten. Maulbeeren wurden nicht nur wegen ihrer Früchte, die zum Genuss und zur Farbstoff-Herstellung verwendet wurden, angebaut, sondern beispielsweise in Frankreich auch zur Seidenraupenzucht.

Die Früchte reifen je nach Standort ab Juni und sehen aus wie weiße oder schwarze Brombeeren mit grünem Stiel. Sie schmecken sehr süß. Es gab einst sehr viele verschiedene Sorten mit unterschiedlichen Aromen, die bei uns in Vergessenheit geraten sind. Bei einem Frankreich-Urlaub durfte ich einmal auf der „Belle Isle" eine Sammlung von etwa 40 Maulbeerbaumsorten durchkosten und war über deren unterschiedliche Größe und deren Aromen fasziniert.

Pflückhinweise und Sammeltipps

Wer Maulbeerbäume orten möchte, der achte einfach ab Juni auf Straßen und Wege, die mit blauen oder weißen Früchten übersäht sind. Da der Maulbeerbaum noch immer verwildert und häufig zu finden ist, ist es ein Leichtes, einträgliche Mengen vom Spaziergang am Weinberg mitzubringen. Ernten Sie ausschließlich vollreife Früchte, da nur diese wirklich aromatisch sind. Arbeitssparender ist es, ein Tuch unter den Baum zu legen und die Früchte herunterzuschütteln. Vorsicht bei der Ernte: Schwarze Maulbeeren machen ziemlich schlimme Flecken!

Ernten Sie nur vollreife, aromatische Früchte!

Verwendung in der Wildfrüchteküche

Im asiatischen Raum ist die Maulbeere ein häufig anzutreffendes Obst, bei uns ist sie seit 1900 mehr und mehr in Vergessenheit geraten. Als Färbemittel musste sie dem Schwarzen Holunder weichen, welcher offenbar leichter kultiviert werden kann; auch das herrliche Aroma der Früchte schien nicht mehr zu überzeugen, oder vielleicht war auch bloß die Ernte zu mühsam. Jedenfalls kenne ich nur sehr alte Maulbeerbäume, die leider auch immer weniger werden, daher möchte ich den Hobbygärtnern diesen prachtvollen Baum sehr ans Herz legen. Wer einen Maulbeerbaum auf der Terrasse oder im eigenen Garten ziehen möchte, kann auf die Trauerform *Morus alba/nigra pendula* zurückgreifen, die kleiner bleibt und deren Früchte problemlos von den herabhängenden Ästen abzuernten sind.

Maulbeeren sind sehr süß und eignen sich zum Frischverzehr ebenso gut wie getrocknet als Konfektverzierung.

Unsere Lieblingsrezepte

Orangen-Eistee mit Maulbeeren

½ l frisch gepresster, gekühlter Orangensaft
½ l Eis- oder Mineralwasser
1–2 Orangen, in Scheiben geschnitten
½ l Tee vom Zitronengras
½ l gekühlter Grüner Tee
250 g frische Maulbeeren
Zucker nach Geschmack

Lassen Sie die Orangenscheiben 2 Stunden in der Teemischung ziehen, fügen Sie den Orangensaft und das Wasser hinzu und süßen Sie nach Geschmack. Mischen Sie zu guter Letzt die Maulbeeren dazu und servieren Sie den Orangen-Eistee kalt.

Maulbeer-Erdbeer-Salat mit Basilikum

500 g Erdbeeren
12 große Basilikumblätter
Saft von 2 Orangen
200 g Maulbeeren
50 ml Ahornsirup oder Honig

Schneiden Sie die Erdbeeren in Scheiben und das Basilikum in Streifen. Nun wird beides mit den Maulbeeren und den anderen Zutaten vorsichtig gemischt und 2 Stunden zum Ziehen kühl gestellt. Der Maulbeer-Erdbeer-Salat sollte zimmerwarm serviert werden, damit er sein zartes Aroma voll entfalten kann.

Maulbeer-Zitronen-Mousse

300 g Maulbeeren
abgeriebene Schale von 1 unbehandelten Zitrone
3 Blatt Gelatine
einige Ribiseln
100 g Staubzucker
2 EL Wasser
1 EL Cassis
200 ml Schlagobers

Die Maulbeeren werden mit dem Stabmixer püriert und durch ein feines Sieb gestrichen. Dieses Beerenmark wird mit dem Staubzucker und dem Wasser erwärmt, die Zitronenschale und der Cassis beigefügt und die zuvor in kaltem Wasser eingeweichte Gelatine darin aufgelöst. Kurz vor dem Stocken wird das steifgeschlagene Obers untergehoben und das Mousse in eine Schüssel gefüllt und im Gefrierschrank eingekühlt.

Nach 2 Stunden können von der Masse mit einem in heißes Wasser getauchten Löffel kleine Muscheln abgeschabt werden, die mit ganzen Maulbeeren und Ribiseln serviert werden.

Juli

Hier finden Sie:

Steinweichsel

Kirschpflaume, Kriecherl

Heidelbeere

Steinweichsel *(Prunus mahaleb)*

Botanische Merkmale und Standort

Im Vergleich zum Baum der Wildkirsche sind die Äste der Steinweichsel hängender, die Blätter kleiner, glänzender und dunkler. Die Früchte sind im vollreifen Zustand purpurrot und nur dann genießbar. Steinweichseln sind auf sonnigen Weinbergen zu finden und kommen auch verwildert aus Gärten in unserer Landschaft vor.

Pflückhinweise und Sammeltipps

Sammeln Sie wirklich nur vollreife Früchte, da nur diese gut und bitterfrei schmecken.

Achtung

Die Kerne der Steinweichsel sind giftig, daher vor der Verarbeitung entfernen!

Verwendung in der Wildfrüchteküche

Steinweichseln und Wildkirschen wurden bereits in der Steinzeit gesammelt und verspeist, auch getrocknet, als Wintervorrat, fanden sie bei unseren Vorfahren Anklang. Dies hat sich bis heute nicht geändert, doch hat sich sicherlich die Vielfalt an Rezepten vergrößert, wie Sie im Folgenden sehen werden. Die vollreifen Weichseln sollten sofort verarbeitet werden, dann entfalten sie ihr feines, säuerliches Aroma. Gedörrte Weichseln sind eine ausgesprochene Delikatesse und ergeben – mit Schokolade überzogen – ein feines Konfekt. Aber auch ein daraus selbst hergestellter Früchtetee entfaltet ein unvergleichliches Aroma.

Unsere Lieblingsrezepte

Marillen-Steinweichsel-Sauce

200 g entkernte Steinweichseln 80 g Honig ½ TL Pektin
⅛ l Marillenkompottsaft (z. B. von den pochierten Marillen)

Diese Sauce passt gut zu Süßem.

Die Steinweichseln werden gut mit dem Pektin vermischt und mit dem Marillensaft und dem Honig eingekocht, bis die Flüssigkeit einzudicken beginnt (Gelierprobe!). Servieren Sie die Marillen-Steinweichsel-Sauce warm zu Eis, Parfaits, Kaiserschmarren oder Soufflés.

Steinweichseln und Wildbeeren in Rum

Dieses Rezept ist in den Basisrezepten, S. 50, nachzulesen.

Steinweichsel-Marillen-Marmelade

300 g Steinweichseln
1 kg entkernte, halbierte Marillen
400 g Rohrzucker
Pektin für 1,5 kg Frucht oder 1 kg Gelierzucker 3:1

Die Steinweichseln werden mit wenig Wasser und einigen Marillen gekocht und passiert, danach werden Zucker, Gelierzucker (oder Pektin), die restlichen Marillen und evtl. noch etwas Wasser beigefügt. Kochen Sie nun alles etwa 15 Minuten und füllen Sie die Marmelade heiß in die vorbereiteten Gläser. Machen Sie vor dem Abfüllen eine Gelierprobe!

Marillen-Eiskugeln in heisser Marillen-Steinweichsel-Sauce

8 feste Marillen
etwas Zimt
125 ml Wasser für die pochierten Marillen
8 Kugeln Nuss- oder Vanilleeis
evtl. Nelken
100 g brauner Zucker

Wasser, Gewürze und Zucker werden aufgekocht, die entkernten, aber nicht halbierten Marillen eingelegt und 3 Minuten vorsichtig gekocht, und zwar so, dass die Marillen in Form bleiben. Nehmen Sie nun die Mischung vom Herd und lassen Sie die Marillen mindestens 30 Minuten ziehen. Danach werden die Früchte entnommen, zum Auskühlen und Abtropfen in ein Sieb gelegt und als „Mütze" auf die Eiskugeln gesetzt, die in der Marillen-Weichsel-Sauce schwimmen.

Mohnsoufflé mit Steinweichselsauce

Steinweichselsauce:
200 g entkernte Steinweichseln
100 g Honig
50 ml Rumtopf-Flüssigkeit

Mohnsoufflé:
80 g gemahlener Mohn
30 g Honig
80 g Butter
Vanille
abgeriebene Schale von 1 unbehandelten Orange und 1 Zitrone
für die Formen Butter und Kristallzucker
3 Eier
60 g Semmelbrösel
70 g brauner Zucker
Zimt
1 Prise Salz
6 Förmchen zum Pochieren

Für die Steinweichselsauce werden die Weichseln mit dem Honig aufgekocht, vom Herd genommen und mit der Rumtopf-Flüssigkeit gemischt. Die Sauce sollte eine Stunde ziehen und kann warm oder kalt auf Eis, Parfaits oder zu Topfenstrudel serviert werden.

Für das Soufflé werden die weiche Butter, der Honig, die Eidotter und die abgeriebenen Zitrusschalen schaumig gerührt, die Eiklar werden in einer anderen Schüssel mit dem Zucker zu Eischnee geschlagen, der unter den Teig gehoben wird. Dann fügt man Mohn und Brösel unter den Teig und befüllt die bebutterten und mit Zucker bestreuten Förmchen zu 2/3, die im Wasserbad auf dem Herd bei 90 °C etwa 30 Minuten pochiert werden. Die fertigen Soufflés werden aus den Förmchen gestürzt und mit der heißen Steinweichselsauce serviert.

Kirschpflaume, Kriecherl *(Prunus cerasifera)*

Botanische Merkmale und Standort

Kirschpflaumen sind meist kleine Bäumchen oder große Sträucher von bis zu 8 m Höhe. Die elliptischen Blättchen sind 5–8 cm groß und stehen in Büscheln an den teils bedornten Ästen. Die weißen Blüten erscheinen in Büscheln mit den jungen Blättchen bereits im März/April. Die Kirschpflaume ist sehr reich blühend, sie sieht dann aus wie ein prächtiger weißer Blumenstrauß und duftet angenehm frisch und süß. Die Früchte sind gelb, rot oder auch grün, sehen aus wie kleine, kugelige, 2–5 cm große Ringlotten und haben wie diese einen kleinen Kern in der Mitte. Sie reifen im Juli/August und sind je nach Sorte mehr oder weniger aromatisch. Kirschpflaumen sind anspruchslos und kommen häufig verwildert in Hecken und aufgelassenen Obstgärten vor.

Pflückhinweise und Sammeltipps

Kontrollieren Sie bei wild wachsenden Sträuchern vor der Ernte, ob die Früchte nicht wurmbefallen sind. Vollreife Kirschpflaumen sind sehr aromatisch und saftig. Sie können zum Einlegen und Einkochen auch mittelreife Früchte ernten, dann bleiben sie beim Kochen ganz, wogegen reife Früchte beim Kochen gerne zerfallen.

Verwendung in der Wildfrüchteküche

Kirschpflaumen sind sehr aromatisch, wenn sie vollreif sind. Sie blühen üppig und schön, so dass ich nicht verstehen kann, warum diese dankbaren und reich tragenden Sträucher nicht vermehrt in Hausgärten und Wildschutzhecken gepflanzt werden. In der Wildfrüchteküche waren sie jedenfalls schon vor 2.000 Jahren in Verwendung, so in Griechenland und Italien. Seit dem 16. Jahrhundert fanden sie auch bei uns Einzug in Gärten und Küchen.

Kriecherln können wegen ihrer Saftigkeit nicht getrocknet werden. Sie lassen sich hauptsächlich zu Kompotten, Marmeladen und Kuchen verarbeiten, die sich durch ein charakteristisches, fruchtig-säuerliches Aroma auszeichnen. Die Kochzeit für Kompott beträgt lediglich 3 Minuten! Kriecherln in Essig passen ausgezeichnet zu kaltem Fleisch und Käsefondue oder Raclette.

Kriecherln haben ein fruchtig-säuerliches Aroma.

Unsere Lieblingsrezepte

Kriecherl-Ribisel-Fleck

5 Eier
200 g Butter
1 unbehandelte Zitrone
(Schale gerieben und Saft)
1 Prise Backpulver
Butter und Mehl für das Backblech
200 g Vollkorn-Dinkelmehl
200 g Zucker
800 g Kriecherln
200 g gerebelte Rote Ribiseln
1 Prise Salz

Die Butter wird mit der Hälfte des Zuckers und den Dottern schaumig gerührt. Nun werden Mehl, Salz, Backpulver und die geriebene Zitronenschale miteinander vermischt und hinzugefügt und mit dem Zitronensaft abgeschmeckt. Anschließend wird das Eiklar mit dem restlichen Zucker zu Schnee geschlagen, der unter den Teig gehoben wird.

Der Teig wird auf einem befetteten, bemehlten Backblech gleichmäßig verteilt, mit den Früchten bestreut und bei 170 °C im vorgeheizten Backrohr etwa 50 Minuten gebacken.

Kriecherl-Soufflé

700 g vollreife Kriecherln
3 Eier
1 Prise Salz
100 g Mehl
150 ml Schlagobers
20 g Butter für die Form
100 g brauner Zucker
1 EL Kirschwasser
150 ml Milch
etwas Staubzucker zum Bestreuen

Die Früchte werden in der gebutterten Gratinform verteilt und mit dem Rührteig aus Eiern, Zucker, Salz, Kirschwasser, Mehl, Milch und süßem Rahm überschüttet. Anschließend wird das Soufflé im vorgeheizten Backrohr bei 200 °C etwa 30 Minuten gebacken, mit Staubzucker bestreut und noch heiß serviert.

Servieren Sie das Soufflé noch heiß!

Kriecherlmarmelade mit Schwarzen Ribiseln

1 kg vollreife Kriecherln
300 g Schwarze Ribiseln
400 g Gelierzucker 3:1

Die Kriecherln werden in etwas Wasser aufgekocht und durch die „Flotte Lotte" passiert, dann werden die anderen Zutaten beigefügt und alles etwa 7 Minuten gekocht, wobei der entstehende Schaum laufend abgeschöpft wird. Füllen Sie die fertige Marmelade heiß in Gläser, die sofort verschlossen werden.

Kriecherln, süss-sauer eingelegt

1 kg halbreife Kriecherln
200 ml Wasser
10 Gewürznelken
1 TL Senfkörner
500 ml Mostessig
300 g Honig
1 Zimtstange
etwas Salz

Verkochen Sie alle Zutaten zu einem Gewürzsud, den Sie 1 Stunde ziehen lassen, bevor Sie die in Gläser gefüllten Früchte mit dem kochendheißen Sud übergießen. Die Gläser werden sofort verschlossen. Lassen Sie die süß-sauren Kriecherln 2 Monate reifen und servieren Sie sie gut abgetropft zu Pasteten, kaltem Fleisch und auf Käsebrötchen.

Kriecherln in Essig

Reifezeit: 4 Monate

Erstaunlich köstlich schmecken halbreife Kriecherln, die in Gläser gefüllt und mit Mostessig übergossen werden. Ziehen sollten die Essigkriecherln 4 Monate. Sie passen gut zu belegten Schinken- und Käsebrötchen.

Sirup-Kriecherln

Halbreife Kriecherln werden in Marmeladegläser gefüllt und mit heißem Zuckersirup (500 g brauner Zucker auf 600 ml Wasser) übergossen. Verschließen Sie die Gläser anschließend sofort und lassen Sie die Früchte 4 Monate reifen.

Sirup-Früchte sind eine alkoholfreie Alternative zu Likörfrüchten und Rumtopf, sie können ebenso wie diese zu Desserts serviert werden.

Heidelbeere *(Vaccinium myrtillus)*

Botanische Merkmale und Standort

Die Heidelbeere ist ein kleiner, bis 30 cm hoher Strauch mit kantigem, grünem Stängel und Ästchen sowie eiförmigen, am Rande fein gezähnten, hellgünen Blättchen. In den Blattachseln stehen einzelne, kugelige, weißliche Blüten. Aus diesen entwickeln sich die blaubereiften Heidelbeeren, deren Charakteristikum neben der Farbe ein ringförmiger, leicht erhobener Blütenrest ganz vorne auf der Frucht ist.

Die Rauschbeere (*Vaccinium ulginosum*) ist eng mit der Heidelbeere verwandt. Ihre Früchte sind innen weißlich-hellgrün, sie färbt nicht, wenn sie zerdrückt wird, und ist bei Weitem nicht so aromatisch wie die Heidelbeere. Je nach Standort (sumpfig oder trocken) enthält die Rauschbeere angeblich Stoffe, die Übelkeit hervorrufen; gekocht und zu Marmelade verarbeitet, verliert sich diese Wirkung jedoch.

Dichte Heidelbeerbestände finden sich in feuchten, nährstoffreichen, sauren Fichten- und Kiefernwäldern und in Heiden.

Pflückhinweise und Sammeltipps

Reife Heidelbeeren können von Anfang Juli bis zum September gesammelt werden. Vermeiden Sie eine Ernte mit dem Erntekamm, da er die Pflanzen unnötig beschädigt. Überdies stellt diese Erntemethode wegen der starken Verunreinigung des Pflückgutes mit Ästchen und Blättern auch keinerlei Arbeitsersparnis dar. Wollen Sie Heidelbeerblätter zur Teekur bei Zuckerkrankheit sammeln, sollten Sie dies vor der Fruchtreife tun, da sonst das heilende Myrtillin verschwunden ist.

Verwendung in der Wildfrüchteküche

Die reifen Heidelbeeren schmecken säuerlich-süß und sind in der Wildfrüchteküche sehr beliebt, sowohl zum Frischverzehr als auch für Säfte, Marmeladen und Kompotte. Die getrockneten Heidelbeeren sind etwas süßer, das Aroma muss aus ihnen erst herausgekaut werden. Sie werden in der Volksheilkunde mit Erfolg zur sanften Durchfallbehandlung verwendet, ein Mittel, das auch kleinen Patienten gefahrlos gegeben werden kann und auch noch gut schmeckt. Aber auch ein selbstgemachter Früchtetee kann mit den getrockneten Heidelbeeren auf das Köstlichste aromatisiert werden.

Getrocknete Heidelbeeren helfen bei Durchfall.

Heidelbeergeist ist ebenfalls sehr beliebt: Er wärmt den Unterleib und stärkt den Darm. Er ist leicht herzustellen: Lassen Sie 3–4 Handvoll Heidelbeeren in 1 l Branntwein 3 Wochen ziehen.

Unsere Lieblingsrezepte

Heidelbeerschmarren (für 6 Personen)

150 g Heidelbeeren
5 Eier
etwa 100 g Butter zum Backen
etwas Staubzucker zum Bestreuen
200 g glattes Mehl
40 g brauner Zucker
200 ml Milch

Aus Milch, Eidottern und Mehl wird ein glatter Teig gerührt, unter den das mit Zucker zu Schnee geschlagene Eiklar gehoben wird. Dann wird die Butter in einer flachen Pfanne erhitzt, der Teig hineingegossen und mit den Heidelbeeren bestreut. Anschließend wird der angebackene Teig gewendet und im vorgeheizten Backrohr bei 200 °C 10 Minuten fertig gebacken. Zerkleinern Sie dabei den Schmarren und wenden Sie ihn ab und zu. Heidelbeerschmarren gehört wohl zu den aromatischsten, wohlschmeckendsten Heidelbeer-Zubereitungsarten!

Tipp: Zum Heidelbeerschmarren passen auch gut süß-sauer eingelegte Mostbirnen, S. 150, oder Honigquitten, S. 153!

Strudelteigdreiecke mit Heidelbeercreme und Wildbeerenmix (ergibt 8 Portionen)

400 g Strudelteig (selbst gemacht oder vom Bäcker)

Creme:
500 ml Schlagobers
150 g brauner Zucker
200 ml Sauerrahm
250 g Heidelbeeren

Belag:
250 g Heidelbeeren
250 g Rote Ribiseln
100 g brauner Zucker zum Bestreuen
250 g Waldbrombeeren
1 verquirltes Ei zum Bestreichen
50 g gehackte Nüsse zum Bestreuen

Der Strudelteig wird in Dreiecke von etwa 8 cm Kantenlänge geschnitten und auf befetteten oder mit Backpapier ausgekleideten Backblechen verteilt. Nun werden die Dreiecke mit dem verquirlten Ei bestrichen und mit Zucker bestreut. Anschließend bäckt man sie bei 180 °C im vorgeheizten Backrohr etwa 10 Minuten.

Für die Creme werden die Heidelbeeren zerdrückt, mit dem Sauerrahm und dem Zucker vermischt und das geschlagene Schlagobers untergehoben. Die Creme wird gedrittelt und jeweils ein Teil mit einer Beerensorte vermischt. Davon wird ein kleiner Gupf auf die Mitte der Blätterteigdreiecke gesetzt. Pro Portion werden immer drei verschieden bestückte Dreiecke aufeinandergesetzt und obenauf mit gehackten Nüssen bestreut.

Jeweils ein Drittel der Creme wird mit einer Beerensorte vermischt.

Heidelbeermuffins

250 g Mehl
3 TL Backpulver
200 g Butter
100 g geriebene Walnüsse
20 Muffin-Förmchen oder Papierkapseln
2 Eier
150 ml Buttermilch
250 g Heidelbeeren
150 g Zucker
Mohn zum Bestreuen

Das Mehl wird mit dem Backpulver vermischt und das Eiweiß mit etwas Zucker zu festem Schnee geschlagen. Anschließend wird die Butter erwärmt, und zwar so, dass sie gerade flüssig ist. Nun werden die Dotter mit der Buttermilch vermixt, Mehl, Walnüsse und Zucker beigefügt und gut verrührt. Dann mengt man die flüssige Butter bei, verrührt die Masse und hebt zuletzt die Heidelbeeren und den Eischnee unter. Die Muffin-Förmchen werden auf einem Backblech eng aneinandergestellt und zur

Hälfte mit dem Teig befüllt. Nachdem sie mit Mohn bestreut wurden, werden die Muffins im vorgeheizten Backrohr bei 190 °C etwa 25 Minuten gebacken, bis sie goldbraun sind. Ehe die Muffins aus dem Rohr genommen werden, sollte unbedingt eine Nadelprobe gemacht werden.

Nadelprobe machen, um zu sehen, ob die Muffins fertig sind.

Heidelbeer-Topfen-Strudel (ergibt 16 Stück – 2 Strudel)

400 g Topfen, 40 % Fett
250 g Heidelbeeren
3 Eier
1 Prise Salz
abgeriebene Schale von 1 unbehandelten Zitrone
200 g Zucker
100 g Rosinen
125 ml Sauerrahm
2 EL Vanillezucker
Butter zum Bestreichen
Mohn zum Bestreuen

Die Heidelbeeren werden mit 100 g Zucker gemischt, der Topfen mit dem Rahm, den Dottern, dem Vanillezucker, der Zitronenschale, den Rosinen und dem Salz gut verrührt. Anschließend wird der Eischnee mit dem restlichen Zucker steif geschlagen und unter die Masse gehoben.

Die Strudelblätter werden mit Butter bestrichen und so gefüllt, dass die Topfenmasse unterhalb und die Heidelbeeren darauf liegen. Die beiden Seitenteile des Teigstückes werden nun gut übereinandergeschlagen und die Enden eingeklappt. Schließlich werden die beiden Strudel mit flüssiger Butter bestrichen, mit Mohn bestreut und auf einem gebutterten Blech im vorgeheizten Backrohr bei 180 °C etwa 60 Minuten goldbraun gebacken.

Servieren Sie den Strudel mit Honig-Minze-Rahm oder Vanillesauce!

Ambrosia-Creme mit Waldbrombeeren, S. 95

August

Hier finden Sie:
Brombeere
Roter Holunder
Gemeiner Wacholder
Eierschwammerln
Haselnuss
Sanddorn

Brombeere *(Rubus fruticosus)*

Botanische Merkmale und Standort

Der Brombeerstrauch mit seinen langen, gekrümmten, stachelbesetzten Ranken und Blättern ist wohl jedem bekannt. Die meist fünfzähligen Blätter sind gefingert, manchmal gibt es aber auch nur drei Blättchen am Stiel. Die unzähligen weiß-rosaroten Blüten stehen büschelig am Ende eines Triebes, aus ihnen entstehen erst grüne, dann schwarz-glänzende Brombeeren. Es gibt verschiedene Brombeersorten, die jedoch alle genutzt werden können, blau-bereifte Früchte trägt beispielsweise die Kratzbrombeere.

Brombeersträucher finden sich sehr häufig auf Waldschlägen, an Waldrändern, an breiten, lichten Waldwegen und in Steinbrüchen sowie Weinbergen.

Pflückhinweise und Sammeltipps

Brombeeren wie auch Himbeeren werden in Gärten kultiviert, die duftigsten Früchte mit dem charakteristischen Brombeeraroma wachsen jedoch in freier Natur. Sammeln Sie die reifen Beeren ab Mitte August. Sie müssen sofort verarbeitet werden, da sie extrem schnell schimmeln. Sie sollten dabei auch gleich die stängellosen Brombeerblätter für einen selbstgemachten Kräutertee (⅓ Brombeerblätter, ⅓ Himbeerblätter, ⅓ Erdbeerblätter und Blüten nach Geschmack) oder für einen Heiltee bei Magen- und Darmentzündungen oder zur Blutreinigung mitsammeln!

Verwendung in der Wildfrüchteküche

Eine interessante Weisheit aus der Volksheilkunde: Brombeerfrüchte sind die einzigen Früchte, die abends gegessen werden sollten, da sie nicht nur für einen kulinarisch genussreichen Abend sorgen, sondern auch eine beruhigende und schlaffördernde Wirkung besitzen! Wie schon erwähnt, sollten die vollreifen Brombeerfrüchte sofort verarbeitet werden. Ich kann Ihnen nur empfehlen, alle unsere Lieblingsrezepte nachzukochen!

Verwenden Sie eher feste Früchte!

Für die süß-sauren Brombeeren sollten eher feste Früchte verwendet werden.

KRÄUTERTEE-MISCHUNGEN

Da Brombeerblätter ein wichtiger Inhaltsstoff für Kräutertees sind, möchte ich Ihnen noch einige Teemischungen empfehlen:

⅓ Brombeerblätter
⅓ Himbeerblätter
⅓ Erdbeerblätter
gequetschte Wacholderbeeren nach Geschmack

Die Blätter werden zerkleinert und mit den gequetschten Wacholderbeeren nach Geschmack gemischt. Ein Teelöffel dieser Mischung wird mit heißem Wasser übergossen und 5–10 Minuten ziehen gelassen. Dies ist ein kräftiger, stärkender Tee.

Versuchen Sie auch eine Mischung der drei Blättersorten mit getrockneten Apfelschalen. Dies ergibt einen milden, fruchtigen Tee. Mit Thymian gemischt, erhält man einen würzigen Kräutertee und mit Blättern der Schwarzen Johannisbeere als Teebeigabe entsteht ein sehr fruchtiger, erfrischender Tee, der gut mit Orangensaft schmeckt.

Gebratene Steinpilze mit süß-sauren Brombeeren und Marillen-Wacholder-Kompott

Unsere Lieblingsrezepte

Brombeeren, süss-sauer

250 g Brombeeren
20 g Mostessig
80 g Honig
1 Prise Salz
Koriander, Pfeffer, Kardamom, Piment, Wacholder nach Geschmack

Der Honig und die Gewürze werden im Essig erhitzt, dann werden die Brombeeren beigegeben und alles kurz aufgekocht. Anschließend wird die Mischung entweder heiß in Gläser gefüllt oder mindestens 2 Stunden ziehen gelassen.

Die süß-sauren Brombeeren können natürlich auch gelagert werden. Sie passen gut zu gebratenen Parasolen, Wildgerichten, Steak oder Lungenbraten sowie zu gebratenem Tofu.

Ambrosia-Creme mit Waldbrombeeren (ergibt 5 Portionen)

250 ml Schlagobers
300 g Waldbrombeeren
Schale von 1/3 einer unbehandelten Orange
120 ml Sauerrahm
120 g brauner Zucker
1 Prise Kardamom
Minzezweige zum Servieren

Für die Creme wird die Hälfte der Brombeeren zerdrückt, mit 80 g Zucker und dem Sauerrahm gemischt und dann die Hälfte des steifgeschlagenen Schlagobers untergehoben. Das restliche Schlagobers wird mit Kardamom, 40 g Zucker und der abgeriebenen Orangenschale steif geschlagen.

Anschließend werden die Brombeercreme und das gewürzte Schlagobers schichtweise in die Portionsgläser gefüllt und die restlichen Brombeeren dazwischen eingestreut. Servieren Sie die Ambrosia-Creme gekühlt und mit Minzeblättern bestreut.

Brombeerschnitten mit Schneehaube (ergibt 10 Schnitten)

400 g Mürbteig
400 g Waldbrombeeren

Schneehaube:
5 Eiklar
1 Prise Salz
150 g Staubzucker

Kleiden Sie eine Kuchenform mit dem Mürbteig aus und backen Sie ihn im vorgeheizten Backrohr bei 200 °C 6 Minuten. Schlagen Sie in der Zwischenzeit die Eiklar mit dem Zucker zu Schnee, von dem Sie etwa

⅓ auf den abgekühlten Mürbteigboden streichen. Verteilen Sie nun die Brombeeren darauf und decken Sie sie mit dem restlichen Eischnee zu. Backen Sie den Kuchen anschließend im vorgeheizten Backrohr bei 250 °C etwa 8 Minuten zart braun.

Pfirsich-Brombeer-Salat mit Zitronenmelisse

1/16 l Wasser
100 g Zucker
1 Handvoll Zitronenmelissenblätter
4 reife Pfirsiche
200 g Waldbrombeeren
evtl. einige Tropfen ätherisches Melissenöl

Die in Spalten geschnittenen Pfirsiche werden mit den in Streifen geschnittenen Melissenblättern und den anderen Zutaten mariniert und mindestens 1 Stunde kühl ziehen gelassen. Verzieren Sie den auf Tellern oder Schüsselchen verteilten Pfirsich-Brombeer-Salat mit Melissenblättern und Blüten des Sommerflieders (*Buddleja davidii*).

Roter Holunder *(Sambucus racemosa)*

Botanische Merkmale und Standort

Der als Roter Holunder oder Bergholler bekannte Strauch ist in Laub und Rinde dem Schwarzen Holunder sehr ähnlich, die Blütendolden sind jedoch gelblich und traubenförmig, etwa 5 cm lang und gedrungen, während die des Schwarzen Holunders tellerförmig sind. Die Früchte sind scharlachrot und sitzen in traubenförmigen, 5–8 cm langen Fruchtständen halb stehend, halb hängend am Strauch. Der Rote Holunder wächst ab etwa 800 m Seehöhe auf Lichtungen und an Waldwegen.

Pflückhinweise und Sammeltipps

Zur Reifezeit fällt der Rote Holunder mit seinen leuchtendroten Früchten stark auf. Sie werden ihn demnach bei Wanderungen oder beim Schwammmerlsuchen am Wegesrand bemerken, wenn Sie zur richtigen Zeit unterwegs sind. Eine kleine Menge davon hat ja auch im Schwammerlkorb Platz!

Verwendung in der Wildfrüchteküche

Obwohl ich genügend Menschen kenne, die den Roten Holunder sammeln und verarbeiten und auch schon von vielen erfahrenen Menschen Rezepte und Anwendungsratschläge erhalten habe, wird er in der Fachliteratur ignoriert. Mir ist bekannt, dass er in den österreichischen Bergregionen nach alter Tradition als Gelee bzw. Sirup eingekocht und zur Heilung von Fieber und Erkältungen verwendet wurde. Vor der Verwendung ist es anzuraten, die Kerne zu entfernen, da sie Giftstoffe enthalten, dies wird auch traditionell so gehandhabt.

In unserer Wildfrüchteküche wird der Rote Holunder als Chutney verkocht, wobei wir dieses Rezept unbedingt weiterempfehlen möchten!

Unsere Lieblingsrezepte

Roter-Holler-Chutney mit Pfirsichen (scharf)

200 g Pfirsiche, entkernt und in dicke Scheiben geschnitten
400 g abgezupfte Rote Holunderbeeren, vorgekocht und durch ein Sieb gedrückt
200 g Honig
50 ml Essig
1 Prise Salz
½–1 fein gehackte Chilischote
½ TL Galganthpulver
Zimt, Nelken, Wacholder, Koriander und Ingwer, fein gehackt
eventuell etwas Rotwein nach Belieben

Alle Zutaten kommen in einen großen Topf und werden unter ständigem Rühren etwa 90 Minuten eingekocht, danach wird das Chutney nach Belieben püriert und heiß in kleine Gläser gefüllt.

Roter-Holler-Sauce

200 g entkernte Marillen
300 g abgezupfte Rote Holunderbeeren
100 g Honig
Pektin für 500 g Früchte
30 ml Essig
Salz, Pfeffer, Nelkenpulver, zerdrückte Wacholderbeeren, Kardamom und Koriander
Schale von 1 unbehandelten Orange

Die Holunderbeeren werden mit dem Pektin vermischt und mit den Marillen, dem Essig und dem Honig etwa 15 Minuten in einer großen Pfanne eingekocht. Anschließend werden die Gewürze hinzugefügt und die Mischung weitere 5 Minuten gekocht. Dann wird die Sauce passiert und heiß in Gläser gefüllt.

Tipp: Roter-Holler-Sauce passt gut zu Leber- und Wildpastete sowie zu Wildfleisch und Rindsbraten.

Die Sauce passt gut zu Wildgerichten.

Roter Holunder, süß-sauer eingelegt, passt gut zu Leberpastete

Roter Holunder, süss-sauer

1 kg abgezupfte Rote Holunderbeeren
200 ml Wasser
1 Zimtstange
1 TL Pfefferkörner
250 g Kandiszucker
400 ml Weißweinessig
1 große Ingwerwurzel
½ TL Gewürznelken
1 TL Piment

Zucker, Weinessig und Wasser werden mit den Gewürzen aufgekocht, 10 Minuten ziehen gelassen und dann durch ein feines Sieb gestrichen. In der Zwischenzeit werden die passierten Holunderbeeren mit dem feinblättrig geschnittenen Ingwer vermischt, in kleine Gläser gefüllt und mit dem heißen Sud übergossen. Die Gläser verschließen und auf dem Kopf stehend abkühlen lassen.

Gemeiner Wacholder *(Juniperus communis)*

Botanische Merkmale und Standort

Der Wacholder ist ein dichttriebiger, immergrüner Nadelbaum oder -strauch mit dreieckigen, spitzen, schuppenförmigen Nadeln. Die Zweige stechen bei Berührung. Aus unscheinbaren Blüten entstehen die Wacholderbeeren, die im ersten Jahr grün und eiförmig, im zweiten Jahr dunkel-schwarzbraun und kugelig mit blauer Bereifung sind. Alle Pflanzenteile des Wacholders duften angenehm aromatisch-harzig. Der ursprüngliche Lebensraum des Wacholders ist der Alpenraum, er kommt aber sowohl in Gebirgslagen als auch in der Heide vor, wo er Bestände bildet.

Pflückhinweise und Sammeltipps

Die reifen, zweijährigen, nicht eingeschrumpften oder braunen Beeren werden im Oktober gesammelt und vor Sonne geschützt getrocknet. Die vollreifen Beeren zeichnen sich durch ein trockenes, harzreiches und süßliches Aroma aus. Gelagert werden sie ausschließlich in Glasgefäßen (z. B. Einmach- oder Marmeladengläser).

Achtung

Verwechseln Sie den Gemeinen Wacholder nicht mit dem Sadebaum (*Juniperus sabina*), der giftig ist und keinesfalls als Wildfrucht genutzt werden darf!

Verwendung in der Wildfrüchteküche

Die ältesten Wacholderbeerenfunde gehen auf Schweizer Pfahlbauten zurück, wo nicht nur Töpfe mit Beeren, sondern auch verkohlte Beeren, Zweige und Nadeln gefunden wurden, woraus sich schließen lässt, dass der Wacholder schon in den Urtagen der Menschheitsgeschichte ebenso wie der Schwarze Holunder und die Hagebutte eine geschätzte und intensiv genutzte Pflanze war. In weiterer Folge stellte der Wacholder in jedem Bauerngarten ein zentrales Element dar, was sich auch in der bäuerlichen Küche widerspiegelt, wo er sowohl zum Würzen und Räuchern als auch als Heilpflanze verwendet wurde. Das Wacholderharz fand als Weihrauchersatz Verwendung („deutscher Sandarak"). Der für all diese Zwecke wichtige Inhaltsstoff aller Wacholderteile ist das ätherische Öl, das keimtötend wirkt und bei verschiedenen Arten von Lungen- und Magenkrankheiten heilend wirkt.

Das ätherische Öl wirkt keimtötend und heilend.

Die Wacholderbeeren sind sowohl für den Rohgenuss (appetitanregende Wirkung, wenn vor den Mahlzeiten 5 Früchte verzehrt werden) als auch zur Teebereitung geeignet. In der Regel werden die Früchte jedoch als Gewürz verwendet, überdies werden alkoholische Getränke, etwa Wacholderschnaps oder Gin, damit aromatisiert. Auch die Herstellung von Sirup, Likör und Kompott, wie Sie im Folgenden lesen werden, ist durchaus empfehlenswert.

Unsere Lieblingsrezepte

Wacholder-Sirup

200 g frische, reife Wacholderbeeren
500 ml Wasser
1 kg brauner Zucker
2 unbehandelte Zitronen, in Scheiben geschnitten

Die Wacholderbeeren werden in etwas Wasser kurz aufgekocht, dann werden die Beeren, ohne das Kochwasser wegzuschütten, entnommen und mit einem Fleischklopfer zerkleinert. Danach werden die Früchte nochmals mit dem gesamten Wasser aufgekocht und der Ansatz 5 Minuten ziehen gelassen, dann wird er abgeseiht. Nun werden der Zucker und die Zitronenscheiben beigefügt und der Sirup etwa 40 Minuten ohne Deckel eingekocht. Die Festteile werden abgeseiht und der abgekühlte Sirup in kleine Flaschen gefüllt, die kühl gelagert werden.

Der Sirup soll kühl gelagert werden.

In Wacholder-Sirup können Quitten-, Apfel- oder Birnenspalten gekocht werden, die man warm als Beilage zu Wild und Geflügel serviert.

Marillen-Wacholder-Kompott, hier mit Rohschinken serviert.

Wacholder-Likör

150 g Wacholderbeeren
250 g Honig
150 g Wacholdernadeln
1 l Obstschnaps

Alle Zutaten werden in einem großen Glas gut vermischt, dann wird es fest verschlossen und 2 Wochen in die Sonne gestellt. Danach kann der Likör abgeseiht, in Flaschen gefüllt und zum Lagern kühl gestellt werden. Nach einer Reifezeit von 2 Monaten ist er zur Verkostung bereit.

Marillen-Wacholder-Kompott

1 kg Marillen
300 ml Wasser
2 Lorbeerblätter
200 g Honig
20 Wacholderbeeren

Alle Zutaten werden zu einem Kompott verkocht, das man etwa 10 Minuten ziehen lässt, bevor die Gewürze entnommen werden.

Eierschwammerln *(Cantharellus cibarius)*

Botanische Merkmale und Standort

Der dottergelbe Hut ist in jungem Zustand konvex, dann trichterförmig, mit lappigem, unregelmäßigem, verbogenem Rand. Er erreicht eine Breite von bis zu 12 cm und seine Unterseite ist von Faltenleisten durchzogen, die unregelmäßig am Stiel herablaufen und auch gelb sind. Der Hut geht gleichmäßig in den Stiel über. Das Pilzfleisch ist blassgelb und fest, hat einen pfeffrigen Geschmack und einen frischen, aromatischen Geruch, der an Marillen erinnert. Bei Druck gibt es keine Verfärbung. Eierschwammerln sind meist wurmfrei. Sie kommen in Mischwäldern häufig unter Blättern und Moos vor und stehen meist in Gruppen.

Pflückhinweise und Sammeltipps

Eierschwammerln können von Juni bis zum Frost geerntet werden. Sammeln Sie sie in luftigen Körben und verarbeiten Sie die Pilze so schnell wie möglich. Da Eierschwammerln nicht gewaschen werden sollten, ist es wichtig, sie gleich nach der Ernte an Ort und Stelle sauber zu putzen.

Eierschwammerln sind meist wurmfrei.

Verwendung in der Wildfrüchteküche

Eierschwammerln sind farblich äußerst attraktive und dekorative Pilze, die sich vielseitig verwenden lassen. Da sie meist wurmfrei sind, halten sie sich, kühl gelagert, auch 3 Tage. Eierschwammerln eignen sich gut für Saucen und als Füllungen für Teigtäschchen und Nudelteig. Auch zum

Einlegen sind sie bestens geeignet und in Kombination mit Herbstrompeten ergeben sich farbenfrohe Antipasti-Kombinationen oder Buffet-Häppchen. Eine ganz besondere Verarbeitungsvariante stellen die süßen Eierschwammerln dar sowie das Eierschwammerlkompott, sehr zur Gaumenfreude aller Pilzfreunde. Pilze, besonders Eierschwammerln, dürfen vor der Verarbeitung keinesfalls gewaschen werden, da sie ansonsten zu viel Aroma einbüßen!

Probieren Sie einmal süße Eierschwammerln!

Unsere Lieblingsrezepte

Marinierte Eierschwammerln, süss-sauer

2 l Weißweinessig
2 EL Salz
5 Lorbeerblätter
30 Gewürznelken
Olivenöl zum Bedecken der in Gläser gefüllten Pilze
2 kg Eierschwammerln, am besten junge, zarte, die nicht zerschnitten werden müssen
je 2 EL gehacktes Liebstöckel, Pfefferkörner und Majoran

Sämtliche Zutaten, das Öl ausgenommen, werden aufgekocht, die Pilze in den heißen Sud gelegt und etwa 5 Minuten mitköcheln gelassen. Dann werden die Eierschwammerln abgegossen und ausgekühlt. Die kalte Pilzmischung wird nun in einer Schüssel mit Olivenöl übergossen und gut gemischt, anschließend in Gläser mit Schraubverschluss gefüllt und bis zum Rand des Glases mit Olivenöl bedeckt. Achten Sie darauf, dass die Pilze vom Öl völlig bedeckt sind, verschließen Sie die Gläser fest und lagern Sie sie bis zum Verzehr kühl. Nach einer Reifezeit von 4 Wochen können die marinierten Eierschwammerln auf Antipasti-Tellern, diversen Brötchen und zu kaltem Fleisch serviert werden.

Reifezeit: 4 Wochen

Marinierte Eierschwammerln und Steinpilze, süß-sauer eingelegt

Eierschwammerln, süss eingelegt (Verhexte Pilze)

300 g kleine Eierschwammerln
1 kg Marillen
30 ml Essig
500 ml Wasser
300 g Honig
1 Prise Salz
Zitronenthymian, Lemongras, Koriander, Gewürznelken und Wacholder nach Geschmack

Die halbierten, entkernten Marillen werden mit den anderen Zutaten außer den Eierschwammerln in einem Topf aufgekocht, dann werden die geputzten Eierschwammerln in einem Sieb ins Kompott gehängt und mitgekocht. Nach etwa 20 Minuten werden die Marillen mit ausreichend Kompottsaft entnommen, sie können als Kompott gegessen werden. Die Schwammerln werden dann aus dem Sieb in den Kompottsaft geschüttet und weitere 15 Minuten eingekocht. Anschließend werden sie herausgeholt und in Gläser gefüllt, die Flüssigkeit wird rasch zu Sirup eingekocht und der von den Gewürzen befreite Sud über die Eierschwammerln gegossen, so dass diese zur Gänze bedeckt sind.

Die Schwammerln müssen von dem Sud völlig bedeckt sein.

Zwetschkenknödel mit verhexten Pilzen und Honig-Haselnüssen

Servieren Sie die bekannten Zwetschkenknödel doch einmal mit Verhexten Pilzen, siehe oben, und Honig-Haselnüssen, S. 104.

Käsespiesschen mit Cranberries und verhexten Pilzen

125 g Vorarlberger Bergkäse
100 g Cranberries
ein Glas „Verhexte Pilze“ (siehe oben)

Die „Verhexten Pilze“ werden zum Abtropfen in ein Sieb gelegt, der Bergkäse in mundgerechte Stücke geschnitten. Machen Sie nun Spießchen, indem Sie in der Reihenfolge (v. u. n. o.) Käse – Cranberry – Käse – Pilzchen auf einen Zahnstocher aufstecken.

Antipasti mit marinierten Eierschwammerln

8 Scheiben Salami
eingelegte Paprika
eingelegte Bärlauchknospen
Parmesan in Scheiben
knuspriges Baguette
4 Scheiben Schinkenspeck
8 kleine Artischockenherzen in Öl
zarter Camembert
marinierte Eierschwammerln

Die Zutaten werden in appetitlichen Gruppen auf einem großen Teller oder Holzbrett drapiert. Selbstverständlich kann das Sortiment noch mit frischem Gemüse wie Cocktailtomaten oder Paprikastückchen ergänzt werden.

Haselnuss *(Coryllus avellana)*

Botanische Merkmale und Standort

Die Haselnuss ist ein bis zu 6 m hoher Strauch, der in ganz Europa bis Asien gedeiht und in Höhen bis 1.500 m vorkommt. Er kann sehr breit und ausladend werden, hat eine silberbraune Rinde und charakteristische, rundliche, bis zu 15 cm große, weich behaarte Blätter, deren Rand doppelt gesägt ist. Die erst grünen, dann braunen Haselnüsse sitzen in gleichfarbigen, zerschlissenen Becherhüllen und fallen im Reifezustand oft aus diesen heraus. Die Becherhüllen sitzen in kleinen Gruppen am Zweigende.

In Laubmischwäldern und an Waldrändern finden sich immer wieder Haselnusssträucher, die leicht beerntet werden können, aber auch als Ziergehölze in Hecken und Gärten gibt es schöne, auch rotlaubige Haselnusssorten, deren Nüsse in roten Hüllblättern stecken, die wie längliche Säckchen über die Früchte wachsen. Diese sehen besonders dekorativ aus.

Pflückhinweise und Sammeltipps

Die rotlaubigen Sorten fruchten oft schon Ende August und aus eigener Erfahrung kann ich Ihnen nur raten, möglichst oft zu kontrollieren, ob die Früchte schon herabfallen. Es ist mir nämlich schon öfters passiert, dass ich sie ob des schönen Sommerwetters verpasst habe. Sobald die ersten Früchthüllen mit Inhalt herabfallen, können Sie die Früchte auch händisch abernten.

Verwendung in der Wildfrüchteküche

Haselnüsse können roh verspeist, geröstet zum Knabbern und Kochen, pastenförmig als Brotaufstrich und gerieben zu allerlei Gebäck und Konfekt verarbeitet werden. Ich gebe auch immer einige Esslöffel geriebene Nüsse in Obststrudelfüllungen und Fruchtsalate hinein, dies macht die Speisen sämiger und gehaltvoller.

Haselnüsse können in vielen Varianten genossen werden: Roh, geröstet oder gerieben.

Unsere Lieblingsrezepte

Haselnuss-Krokant

250 g Staubzucker
etwas Butter
250 g Haselnüsse

In dem auf 230 °C vorgeheizten Backrohr werden die Haselnüsse auf einem Backblech 5–10 Minuten geröstet, bis sich die braune Haut leicht löst und entfernt werden kann. Die Nüsse dürfen dabei nicht braun wer-

Die Masse erst nach vollständigem Erkalten mahlen!

den! Dann wird der Zucker geschmolzen und unter ständigem Rühren zu Karamell gebräunt. Nun werden die Haselnüsse hinzugegeben, gut durchgerührt und die Masse auf ein gut bebuttertes Blech gegossen. Nach dem Erkalten werden die Nüsse grob gemahlen, sie können zum Bestreuen von Desserts, Eis, Parfaits und Torten verwendet werden.

Honig-Haselnüsse

200 g Haselnüsse
50 g Honig

Die Haselnüsse werden im erhitzten Honig etwa 3 Minuten geröstet. Dann werden die Nüsse auf einem befetteten Backblech zum Trocknen aufgelegt.

Vorsicht!

Rühren Sie ständig um und verbrennen Sie sich nicht!

Haselnuss-Trockenfrüchte-Konfekt

200 g Haselnuss-Krokant
40 g Waldhonig
100 g kleingehackte Dörrzwetschken
40 Konfektförmchen
100 g gedörrte, feingehackte Birnen- oder Apfelspalten
50 g gemahlene Haselnüsse zum Wälzen
evtl. Kuvertüre

Alle Zutaten werden gut miteinander verknetet, wobei der Honig nach Bedarf (die Menge hängt von der Saftigkeit des Dörrobstes ab) beigefügt wird. Aus der Masse werden kleine Bällchen geformt, die in den gemahlenen Nüssen gewälzt und anschließend in die Konfektförmchen gelegt werden. Sie können die Bällchen auch in Kuvertüre tauchen und mit gehackten Haselnüssen bestreuen.

Sanddorn *(Hippophae rhamnoides)*

Botanische Merkmale und Standort

Der bis zu 5 m hohe, silbriggraue Strauch sieht ohne Fruchtschmuck einer Weide ähnlich. Er kann auch baumartig wachsen und bekommt viele Ausläufer. Seine dornigen, sparrig abstehenden Äste mit der hellgrauen, glatten Rinde sind auch am Stamm mit länglichen, silbrigen Blättchen besetzt. Die Blüten sind unscheinbar und auch am Stamm verteilt, die reifen, orangeroten, kugeligen Früchte leuchten ab Juni verlockend am Strauch. Sie schmecken säuerlich, aber sehr aromatisch und duften herb. Die kleinen, ca. 0,5 cm großen Fruchtkugeln haben kein Fruchtfleisch im herkömmlichen Sinn, sondern sie sind unter der festen Haut eher flüssig und haben im Inneren einen großen Kern. Im Oktober, wenn die Früchte schon überreif sind, aber noch gut schmecken, ist das Fruchtinnere schon so flüssig, dass der Sanddorn beim Pflücken oft zerplatzt und der Saft an den Fingern klebt.

Sanddorn wächst auf sandigen, gut durchlässigen, trockenen und im Sommer heißen Böden, etwa an Ufern und Böschungen von Flüssen, aber auch in Küstenregionen, als Zier- und Obststrauch findet er auch in Gärten und Parks ein Plätzchen.

Pflückhinweise und Sammeltipps

Die besten Fundorte sind meiner Erfahrung nach dort, wo man im Sommer baden geht – an Kiesgruben, Altarmen und Baggerseen. Achten Sie einfach auf die roten Früchte und sammeln Sie diese dann entspannt in Bikini und Badehose. Im Juli und August können Sie die Früchte am besten händisch abzupfen, während Sie die Früchte bei der Ernte ab September, wenn der Sanddorn schon flüssig gefüllt ist, besser mit einer Nagelschere abschneiden, da die Kügelchen sonst zerplatzen. Halten Sie ein Sammelgefäß (Kübel) unter den Ast, um die Früchte aufzufangen. Die Mühe des Sammelns lohnt sich!

Ernten Sie die Früchte mit einer Nagelschere.

Ernten Sie bei Sonnenschein, so erhalten Sie Früchte mit höchstem Vitamin-C-Gehalt. Schneiden Sie niemals ganze Äste ab, um die Früchte leichter oder bequemer abernten zu können! Der Sanddorn trägt am mehrjährigen Holz und Sie würden (abgesehen von der Verstümmelung der Pflanze) auch die Tracht der Folgejahre vermindern.

Verwendung in der Wildfrüchteküche

Die Früchte roh zu vernaschen, ist ein netter und gesunder Zeitvertreib, dem besonders Kinder gerne frönen. Der Sanddorn besitzt eine einmalige Fülle an Inhaltsstoffen: einen sehr hohen Vitamin-C- und Vitamin-A-Gehalt, ebenso Vitamine der B-Gruppe sowie Vitamin E und P. Daher gilt er als ganz besondere Heilpflanze, die noch dazu ausgezeichnet

Sanddorn hat sehr viele Vitamine.

Sanddornkäse ist eine sehr schmackhafte Nascherei.

schmeckt. Sanddornmus und -marmelade sind eine Delikatesse aufs Brot oder in Palatschinken; Sanddornfruchtmark, zu Punsch verkocht, ist an kalten Tagen ein wahres „Lebenselixier" und als Konfekt und Fruchtkäse ist der Sanddorn eine ganz besonders schmackhafte Nascherei. Aber auch zur Likörzubereitung sowie zur Teearomatisierung lassen sich die Früchte bestens verwenden. Es gibt mittlerweile viele Fruchtsorten, die sich bestens in Gärten und Plantagen kultivieren lassen.

Unsere Lieblingsrezepte

Sanddorn-Trauben-Marmelade

100 g Sanddornfrüchte
250 g brauner Zucker
Kardamom nach Geschmack
etwas Pektinpulver
700 g süße Weintrauben
etwas geriebene Schale von 1 unbehandelten Orange

Der Sanddorn und die etwas gequetschten Trauben werden in wenig Wasser aufgekocht, zur Entfernung der Kerne passiert, mit dem Zucker, den Gewürzen und dem Pektin aufgekocht und etwa 5 Minuten leicht köcheln gelassen. Machen Sie auf jeden Fall eine Gelierprobe und fügen Sie bei Bedarf noch etwas Pektin hinzu. Die fertige Marmelade wird heiß abgefüllt.

Sanddorn-Trauben-Marmelade und Sanddornpaste

Sanddornpaste

200 g Sanddornfrüchte
etwas Wasser
200 g brauner Zucker

Kochen Sie alle Zutaten auf, passieren Sie das Mus so, dass die Kerne zurückbleiben, danach kochen Sie die Masse nochmals 5 Minuten auf und füllen sie noch heiß in kleine Gläser. Sanddornpaste schmeckt nicht nur delikat auf frischen Croissants und in Joghurt, sie wird auch als Zutat für Konfekt und Desserts verwendet.

Sanddornpaste ist vielseitig verwendbar.

Sanddorn-Apfel-Marmelade

200 g Sanddornfrüchte
250 g Gelierzucker
200 g brauner Zucker
250 g reife, aromatische Äpfel, wie etwa „Berner Rose", in geputzten Stückchen

Alle Zutaten werden in einem Topf unter Rühren mit etwas Wasser aufgekocht und das zerkochte Fruchtmus wird passiert, um die Kerne zu entfernen. Anschließend wird es noch einmal aufgekocht und in Portionsgläser gefüllt. Diese Marmelade gehört zu meinen besonderen Lieblingen, ihr sauer-fruchtiges Aroma würzt nicht nur Frühstücksbrote und Palatschinken, sondern verleiht auch dem Wintertee eine besondere Süße.

Sanddorn-Nuss-Konfekt mit kandierten Hagebutten verziert, ist besonders hübsch anzusehen (Rezept, S. 109).

*Sanddorn-Apfel-Marmelade (links, S. 107)
und Weintraubenmarmelade
mit Nelken und Grapefruit (rechts, S. 132)*

Sanddorn-Quitten-Konfekt

200 g Sanddornsaft
400 g Honig
400 g Quitten

Für dieses Rezept müssen Sie tiefgekühlten Sanddorn oder fertigen Sanddornsaft verwenden, da der Sanddorn zum Zeitpunkt der Quittenreife schon so reif ist, dass er bei Berührung zerplatzt und nicht mehr geerntet werden kann.

Verwenden Sie tiefgekühlten Sanddorn oder Sanddornsaft.

Die in Stückchen zerteilten Quitten werden samt Kerngehäuse und Kernen in etwas Wasser weich gekocht, dann wird das überschüssige Kochwasser entfernt und das Mus passiert. Nun wird es mit dem Sanddornsaft und dem Honig eingekocht, bis es dickflüssig ist. Anschließend wird es etwa 1 cm dick auf ein Backblech gestrichen und an einem warmen Ort oder im Backrohr bei 50 °C getrocknet. Schneiden Sie den fertigen Fruchtkäse in kleine Stückchen oder stechen Sie mit Keksausstechern Formen aus.

Sanddorn-Kaltschale

120 g Sanddornpaste
150 ml Orangensaft
1 TL Maisstärke
30 ml fruchtiger Weißwein
100 ml Wasser
Saft von ½ Zitrone

Wein, Orangensaft und Wasser werden miteinander aufgekocht und die mit 3 EL Wasser angerührte Stärke in die heiße Flüssigkeit eingerührt. Dann wird die Sanddornpaste hinzugefügt und die Mischung 5 Minuten leicht köcheln gelassen. Die erkaltete Suppe wird anschließend mit Zitronensaft abgeschmeckt, im Kühlschrank eingekühlt und in großen Eisbechern mit einer Kugel Orangeneis serviert. Dekorieren Sie die Sanddorn-Kaltschale mit etwas geschlagenem Schlagobers und mit Zitronenmelissenblättchen.

Sanddorn-Nuss-Konfekt mit kandierten Hagebutten

30 Zitronenmelissenblätter
geriebene Schale von 1 unbehandelten Orange
100 g Marzipan
40 g Sanddornpaste
100 g gehackte, leicht geröstete Walnüsse
30 kleine Konfektschüsselchen

Verkneten Sie alle Zutaten zu einem Konfektteig und formen Sie daraus kleine Kugeln, die Sie mit etwas Bitterschokoladen-Kuvertüre begießen oder mit kandierten Hagebutten der Kartoffelrose „krönen". Das getrocknete Konfekt wird in Konfektschüsselchen serviert.

Garnieren Sie das Konfekt mit Kuvertüre oder Hagebutten.

Schnelle Vanillecreme mit Hagebuttensauce, *Rezept S. 123*

September

Hier finden Sie:

Schwarzer Holunder
Wildrose
Kartoffelrose
Weißdorn
Weintraube
Kornelkirsche, Dirndl
Zwetschke
Maroni, Edelkastanie
Speierling
Mostbirne und Wildbirne
Preiselbeere
Quitte

Schwarzer Holunder *(Sambucus nigra)*

Botanische Merkmale und Standort

Der Schwarze Holunder ist ein Strauch oder Baum mit bis zu 10 m Höhe und einer rissigen, grauweißen Rinde; die Rinde der jungen, grünen Triebe hat dagegen warzige Punkte. Im Zentrum der Äste verläuft ein Markstrang. Die einzelnen, duftenden Fiederblättchen sind am Rande fein gesägt und stehen zu fünft am Blattstiel, jeweils zwei einander gegenüber und eines an der Spitze. Die elfenbeinfarbenen, duftenden und blütenstaubbeladenen Scheindolden erblühen im April, aus ihnen wachsen erst grüne, dann rötliche und im reifen Zustand schwarze, glänzende, etwa 0,5–0,8 cm große, kugelige Beeren mit Kern in der Mitte. Die reifen Fruchtdolden hängen am Strauch nach unten. Der Schwarze Holunder wächst auf sonnigen Waldlichtungen, Waldrändern und in Gebüschen und Hecken. Er ist seit Menschengedenken bei menschlichen Siedlungen zu finden, auf Schuttplätzen oder einfach im Straßengraben oder beim Gartenklosett.

Pflückhinweise und Sammeltipps

Sammeln Sie nur ganz reife Fruchtdolden, von denen schon einige Früchte abfallen, unreife Holunderbeeren verursachen Durchfall! Sammeln Sie die ganzen Fruchtdolden, indem Sie sie mit Daumen und Zeigefinger abzwicken oder abschneiden. Füllen Sie diese dann in kleine Kübel, so können die Holunderbeeren, ohne zerquetscht zu werden und ohne Flecken zu hinterlassen, bequem transportiert werden. Zupfen Sie die Holunderbeeren mit Hilfe einer Gabel vom Stiel in eine Schüssel.

Achtung

Verwechseln Sie den Schwarzen Holunder nicht mit dem Rossholler (*Sambucus ebulus*), dessen Fruchtdolden in die Höhe stehen, so dass die bitter schmeckenden Beeren in die Luft schauen!

Verwendung in der Wildfrüchteküche

Es gibt wohl keine Wildfrucht, die so zur Volksheilpflanze wurde wie der Schwarze Holunder, ja sogar in der Mythologie spielt er eine große Rolle. Eine Volksweisheit sagt diesbezüglich mehr als all die Erklärungen über seine Inhaltsstoffe und seine Wirkungsweise: „Oh, wer zählt die Wunder alle dieses Bäumchens wohl, Rinde, Beere, Blatt und Blüte, jeder Teil ist voller Kraft und Güte, jeder segensvoll!" Bereits in der Steinzeit wurden die Beeren zu Mus gekocht und noch heute gilt im Volksmund das Sprichwort, man müsse „vor dem Holler den Hut ziehen, da er ein Dutzend Krankheiten zu heilen vermag".

Roher Holunder kann Verdauungsstörungen verursachen.

Holunderbeeren sollten in größeren Mengen ausschließlich gekocht gegessen werden, da die rohen Beeren Verdauungsstörungen verursachen können! Zu Hollermus verkocht, entsteht eine suppenartige Speise, die, warm oder kalt gegessen, vorzüglich schmeckt und auch noch blutreinigend und darmregulierend wirkt. Dieses Mus wurde traditionell im Herbst gegessen. Der gekochte Saft aus den Beeren ist ein wahrer Gesundheitstrunk. Bemerkenswert ist auch, dass keine der als Vitamin-B1-Lieferanten bekannten Pflanzen, wie Spinat oder Haselnüsse, so viel davon enthält wie die reifen Beeren des Schwarzen Holunders.

Hollerwein aus den reifen Beeren zählt zu den köstlichsten Beerenweinen, er kräftigt nach körperlicher und geistiger Überanstrengung und behebt Kreislaufstörungen. Das Rezept ist altüberliefert und daher etwas aufwändiger.

Hollerwein

In einem emailierten Topf werden 7 Liter Wasser und 2 kg brauner Zucker aufgekocht, anschließend wird der Sirup zum Abkühlen weggestellt, bis er lauwarm ist. In diesen werden 3 Liter abgerebelte, reife und saubere Holunderbeeren gelegt. Der Ansatz wird nun nochmals bis kurz vor dem Aufwallen erhitzt, aber nicht aufgekocht. Decken Sie nun den Ansatz zu und lassen Sie ihn auskühlen, fügen Sie dann 20 g fein verbröselte Hefe hinzu und rühren Sie gut um. Danach wird der Ansatz in einen Glasbehälter gefüllt, der verkorkt und mit einem Gärrohr versehen wird. Schützen Sie die Öffnung des Gärrohres mit einem Stoffstückchen, um das Eindringen von Fruchtfliegen zu vermeiden. Im Knie des Gärrohres muss immer Wasser sein, und die Raumtemperatur sollte nicht unter 20 °C liegen, da ansonsten Essig entsteht!

Nach einer Gärzeit von 9–10 Wochen wird der Ansatz durch ein Kunststoffsieb gefiltert (verwenden Sie keinesfalls Metall!), in Flaschen abgefüllt und kühl gelagert. Nach einer Reifezeit von weiteren 8 Wochen ist der Hollerwein genussbereit.

Gärzeit: 9–10 Wochen
Reifezeit: nochmal 8 Wochen

Hollerglühwein bei Erkältungen

1 l Holundersaft oder -wein **300 ml Schlehdornsaft**
brauner Zucker, Zimt und Gewürznelken nach Geschmack

Alle Zutaten werden miteinander aufgekocht, 10 Minuten ziehen gelassen, durch ein Sieb gefiltert und heiß getrunken.

Unsere Lieblingsrezepte

Hollerbeerensirup

1,5 kg vollreife Holunderbeeren
10 Gewürznelken
1 Zimtstange
1 kg brauner Zucker
Schale von 1 unbehandelten Zitrone

Alle Zutaten lässt man bei mäßiger Hitze unter gelegentlichem Umrühren kochen, bis sich der Zucker aufgelöst hat. Dann sollte der Sirup etwa eine Stunde leise weiterköcheln. Nach dem Entfernen der Gewürze wird er zum Abkühlen beiseite gestellt. Ob Sie nun ein Stamperl Rum beifügen, ist Geschmackssache, ich verzichte darauf. Nun wird der kalte Sirup durchgeseiht und der Rückstand gut ausgepresst. Dann wird der Sirup nochmals erhitzt und heiß in Flaschen gefüllt.

Da Holundersirup ein sehr heikles Produkt ist, das oft unvermutet zu gären beginnt und sogar explodieren kann (was – bei diesem Violett – eine saubere Küche völlig verwüsten kann), füge ich sicherheitshalber noch eine Einkochhilfe hinzu.

Hollerbeerensaft, ungesüsst

Die abgerebelten Holunderbeeren werden in etwas Wasser 15 Minuten gekocht.

Dann werden die Früchte abgeseiht, gut ausgepresst und der Saft heiß in Flaschen gefüllt und gelagert.

Sie können den ausgekühlten Hollerbeerensaft auch in Kunststoffflaschen füllen und in der Gefriertruhe lagern. Da dieser Saft sehr empfindlich ist in Bezug auf Vergären, erscheint mir die Konservierung durch Tiefkühlen empfehlenswerter.

Der Saft kann auch im Dampfentsafter hergestellt werden.

Natürlich kann dieser Saft auch im Dampfentsafter hergestellt werden, hierfür werden die ganzen Dolden verwendet, was eine beträchtliche Arbeitsersparnis darstellt.

Holunderbeerenlikör

400 g Kandiszucker
1 l Obstschnaps
50 g frischer Ingwer, in Scheiben geschnitten
3 Stück Sternanis
800 g abgerebelte Holunderbeeren
1 Stange Zimt
je 2 Stängel Minze und Orangenminze

Alle Zutaten werden gut vermischt und in ein großes, verschließbares Glas (Gurkenglas) gefüllt, das für 2 Wochen an einen sonnigen Platz gestellt wird. Dann wird der Ansatz durch ein Sieb und einen Kaffeefilter gegossen und in Flaschen abgefüllt. Servieren Sie den Holunderbeerenlikör kühl!

Stärkender Holunderpunsch

1 EL Holunderbeerensirup
1 Tasse Wasser
1 Tasse Orangensaft
etwas Honig

Der Holunderbeerensirup wird mit dem Orangensaft und dem Wasser erhitzt und mit dem Honig gesüßt

Tipp: Dies ist ein herrlich kräftiges Getränk für kalte, graue Tage und grippige Kinder.

Holunder-Glühwein

750 ml Rotwein
500 ml ungesüßter Holunderbeerensaft
Schale von 1 unbehandelten Orange und 1 Zitrone, in Stückchen
200 g brauner Zucker
250 ml frisch gepresster Orangensaft
Zimtrinde, Gewürznelken und Kardamom
1 Pkg. Vanillezucker

Alle Zutaten werden in einem großen Topf 5 Minuten leicht gekocht und 15 Minuten ziehen gelassen. Dann werden die Gewürze abgeseiht und der Glühwein heiß serviert.

Holunder-Glühwein ist gerade im Winter ein herrlich wärmendes Getränk.

Holunder-Glühwein ist ein stärkendes und wärmendes Getränk, das bei uns an kalten Wintertagen nach dem Rodeln, Schifahren und Schneewandern serviert wird. Auch zu Silvester ist er ein vorzügliches Mitternachtsgetränk, wenn das Feuerwerk im Freien beobachtet wird.

Schwarze Holundersuppe mit Holunderblüten-Schneenockerln

Holundersuppe:

1 kg abgerebelte Holunderbeeren
125 ml Rotwein oder naturtrüber Apfelsaft
1 Zimtstange
Kardamom, Wacholder und frischer Rosmarin nach Geschmack
250 ml frisch gepresster Orangensaft
250 ml Wasser
200 g Rohrzucker
10 Gewürznelken
evtl. 1 TL Essig

Holunderblüten-Schneenockerln:

3 Eiklar
Schale von ½ unbehandelten Orange
70 g Kristallzucker
30 g Holunderblütenzucker

Für die Suppe den Holunder in Wasser unter Rühren sanft köcheln, dann den Saft abseihen und dabei die Beeren ausdrücken. Der Saft wird nun mit dem Zucker, dem Wein und den Gewürzen nochmals 10 Minuten gekocht und etwas ziehen gelassen. Dann werden die Gewürze aus der Suppe geseiht und die Suppe mit dem Orangensaft abgeschmeckt.

Für die Holunterblüten-Schneenockerln werden die Eiklar unter laufendem Beifügen von Zucker zu festem Eischnee geschlagen, dann werden noch der Blütenzucker und die abgeriebene Orangenschale beigefügt und die mit einem Esslöffel herausgestochenen Nockerln in reichlich kochend heißes (aber nicht wallend kochendes) Wasser eingelegt. Nach einigen Minuten werden die Nockerln vorsichtig gewendet und sogleich in der lauwarmen Schwarzen Holundersuppe oder auch in Vanillesauce serviert.

Holler-Vanillepudding mit Zwetschken-Zimt-Sauce

500 ml Milch
80 g brauner Zucker
Schale von ½ unbehandelten Orange
1 Päckchen Vanillepuddingpulver
200 ml abgerebelte Holunderbeeren

Zwetschken-Zimt-Sauce:

125 ml Schlagobers
15 reife, entkernte und halbierte Zwetschken
½ TL Zimt
50 g brauner Zucker

Die Holunderbeeren werden mit dem Zucker und wenig Wasser aufgekocht und etwa 15 Minuten offen köchelnd am Herd gelassen. Anschließend werden die Milch und die abgeriebene Orangenschale beigefügt und das Puddingpulver laut Rezept auf der Packung eingerührt. Der Pudding wird in Formen gefüllt und auskühlen gelassen.

Zum Stürzen stellen Sie den Teller auf die Puddingform und drehen beides gemeinsam um.

Für die Zwetschken-Zimt-Sauce werden die Zwetschken mit dem Schlagobers, dem Zimt und dem Zucker unter ständigem Rühren 5 Minuten leicht eingekocht. Lassen Sie die Sauce abkühlen und fügen Sie nach Geschmack noch etwas Rohrzucker bei. Servieren Sie den auf einen Teller gestürzten Pudding mit der Sauce.

Weingartenpfirsiche mit Holundersauce und Strudelröllchen

250 ml Rotwein
1 Vanilleschote
150 g brauner Zucker
250 g abgerebelte Holunderbeeren
6 Weingartenpfirsiche, entkernt und halbiert
5 Gewürznelken
60 ml frisch gepresster Orangensaft

Rotwein, Zucker und Gewürze werden 15 Minuten leicht gekocht, dann werden die Pfirsichhälften in den Sud eingelegt und etwa 15 Minuten mitgekocht. Anschließend werden sie herausgenommen und zum Abtropfen auf einen Rost gelegt. Nun werden die Holunderbeeren und der Orangensaft zum Sud hinzugefügt und weitere 15 Minuten eingekocht. Anschließend wird der Saft abgeseiht und in einer Pfanne mit großer Oberfläche eingekocht, bis er Sirupkonsistenz hat.

Richten Sie die Pfirsiche in Portionsschüsseln an, gießen Sie den Sirup darüber und legen Sie 1–2 Strudelröllchen (siehe Kapitel „Grundrezepte“, S. 38) dazu.

Weingartenpfirsich mit Holundersauce und Strudelröllchen

Holunder-Griess-Creme

500 g Holunderbeeren
150 ml Rotwein
200 g Zucker
150 ml Wasser
80 g Grieß
200 ml Schlagobers
Zimt, Gewürznelkenpulver, Kardamom und Anis
geriebene Schale von 1 unbehandelten Orange und 1 Zitrone
10 Walnusshälften zur Dekoration

Der Holunder und die Gewürze werden im Wasser 15 Minuten gekocht, dann grob püriert und die Kerne abgeseiht. Nun wird der Holundersaft mit dem Rotwein aufgekocht, der Grieß hinzugefügt und das Ganze unter ständigem Rühren 20 Minuten köcheln gelassen, bis ein Brei entsteht. Danach wird der Zucker beigefügt und die Masse unter gelegentlichem Umrühren abkühlen gelassen. Ziehen Sie die Hälfte des steifgeschlagenen Schlagobers unter und dekorieren Sie die in Portionsschüsseln gefüllte Holunder-Grieß-Creme mit dem restlichen Schlagobers und den Walnüssen.

Holunder-Zwetschken-Marmelade

1 kg entkernte Zwetschken
500 g Zucker
1 kg abgerebelte Holunderbeeren
Pektin für 2,5 kg Früchte
Zimtrinde, Gewürznelken und Sternanis
abgeriebene Schale von 1 unbehandelten Orange

Der Holunder wird in etwas Wasser aufgekocht und durch die „Flotte Lotte" oder ein Sieb passiert. Das entstandene Mus wird dann mit den übrigen Zutaten 15 Minuten gekocht, anschließend werden die Gewürze entnommen und die Marmelade heiß in Gläser gefüllt.

Holler-Minze-Gelee

400 g Gelierzucker 3:1
1 Handvoll gehackte Minze, am besten Orangen- oder Katzenminze
1 kg abgerebelte Holunderbeeren
etwas Zimt

Kochen Sie den Holunder in etwas Wasser auf, passieren Sie ihn durch die „Flotte Lotte" oder ein Sieb und kochen Sie das Mus mit den Gewürzen und dem Gelierzucker 15 Minuten. Fügen Sie dann die gehackte Minze bei und füllen Sie das Holler-Minze-Gelee heiß in Gläser.

Holler-Birnen-Mus

1 kg abgerebelte Holunderbeeren
2 kg sehr reife, süße Birnen
Saft von 2 Zitronen
Zimt, Gewürznelkenpulver und Sternanispulver nach Geschmack

Der Holunder wird in etwas Wasser aufgekocht, durch die „Flotte Lotte" oder ein Sieb passiert und mit den übrigen Zutaten und den klein geschnittenen, geputzten Birnen 15 Minuten gekocht. Dann wird die Marmelade heiß in Gläser gefüllt.

Holunder-Mischfrucht-Marmelade

1 kg abgerebelte Holunderbeeren
1 kg Gelierzucker 3:1 oder Zucker mit Pektin
1 kg passende Mischfrüchte, wie Zwetschken, Äpfel, Birnen, Pfirsiche und Weintrauben
Gewürznelken, Zimt, Thymian und Ingwer
abgeriebene Zitronenschale nach Geschmack

Kochen Sie die in Stückchen geschnittenen Mischfrüchte mit den anderen Zutaten und dem Holunder auf und würzen Sie nach Belieben mit geriebener Zitrusschale, Gewürznelken, Zimt, Thymian, Ingwer oder Zitronenmelisse.

Wer möchte, kann die Marmelade passieren.

Die heiße Marmelade wird anschließend in Gläser gefüllt. Ob man sie passiert oder nicht, ist reine Geschmackssache.

Tipp: Je nach Süße der Früchte kann die oben angegebene Zuckermenge reduziert werden.

Hollerröster

600 g abgerebelte Holunderbeeren
1 Apfel
100 ml Wasser
200 g brauner Zucker
Zimt- und Nelkenpulver
Schale und Saft von 1 unbehandelten Zitrone

Die Holunderbeeren werden mit Wasser, Zucker, Zitronensaft und -schale etwa 15 Minuten bei schwacher Hitze gekocht. Rühren Sie dabei öfters um.

Inzwischen wird der Apfel geschält, gerieben und in die Holundermischung gerührt. Zum Schluss werden die Gewürze hinzugegeben und noch 5 Minuten mitgekocht.

Hollerröster schmeckt warm und kalt ausgezeichnet.

Servieren Sie den Hollerröster kalt oder warm zu Grieß- oder Kaiserschmarren. Es können auch größere Mengen davon zubereitet und heiß abgefüllt in Gläsern konserviert und gelagert werden.

Schwarzes Hollerchutney

600 g abgerebelte Holunderbeeren
80 g Rohrzucker
feingehackte Chilischoten nach Geschmack
½ TL Koriander
in Streifen geschnittene Schale von 1 unbehandelten Orange
400 g halbierte Zwetschken
100 g Zwiebelscheiben
20 g frischer, gehackter Ingwer
60 ml Rotweinessig
1 TL Salz
eine Prise Nelkenpulver
Kardamompulver nach Geschmack

Alle Zutaten werden zusammen in einem großen Topf bei niedriger Hitze gekocht, wobei das Chutney laufend umgerührt werden muss! Füllen Sie das fertig gekochte Chutney noch heiß in Gläser mit Schraubverschluss.

Wildrose *(Rosa sp.)*

Botanische Merkmale und Standort

Der Wildrosenstrauch wird bis zu 3 m hoch und hat viele überhängende Zweige, die mehr oder weniger mit sichelförmigen, nach unten gebogenen Stacheln bewehrt sind. Die Fiederblättchen sind wechselständig am Ast angeordnet und am Rande gezähnt und rundlich. Ihre 3–5 cm großen Schalenblüten stehen einzeln oder in Gruppen an kurzen Seitentrieben am Zweigende und sind ungefüllt, das heißt mit 5 Blütenblättern von rosa, weißer oder gelber Farbe. Die Hagebuttenfrüchte sind eiförmig, meist leuchtend rot und mehr oder weniger fleischig. In ihrem Inneren sitzen viele gelbliche Kerne, die von silbrigen Härchen umgeben sind. Sie verbleiben häufig den ganzen Winter über am Strauch, wo sie einfach trocknen. Wildrosensträucher sind sehr häufig an sonnigen Wegrändern, in Schlägen und Gebüschen sowie in jeder Hecke zu finden.

Pflückhinweise und Sammeltipps

Ernten Sie die Hagebutten, so nennt man die Früchte aller Rosen, wenn sie weich sind und sich leicht vom Stängel zupfen lassen. Da spielt es keine Rolle, ob dies vor oder nach dem ersten Frost der Fall ist. Die Ernte erfolgt am leichtesten händisch in einen Korb.

Verwendung in der Wildfrüchteküche

Der Wildrosenstrauch wurde schon in der Jungsteinzeit von unseren Vorfahren genutzt, vor allem zur Herstellung von Hagebuttenmus, welches ein wichtiger Bestandteil der frühgeschichtlichen Ernährung war. Im Verlauf der weiteren kulturellen Entwicklung weitete sich das Verwendungsspektrum dieser Wildfrucht und seit 200 Jahren gilt der Wildrosenstrauch als Heilpflanze und Wildobst. Die vielseitige Verwendung der Hagebutten ist nicht nur auf ihren köstlichen Geschmack als Marmelade, Hagebuttenmark, Wein, Likör und Tee zurückzuführen, sondern beruht auch auf dem Wissen, dass ihre Inhaltsstoffe sehr gesundheitsfördernd sind. Noch bis vor wenigen Jahrzehnten stellte die Hagebutte auch in unserem Kulturkreis ein häufig gesammeltes Wildobst dar, das zu Tee, Mus und Marmelade, aber auch zu Wein und Likör verarbeitet wurde und als wichtiger Vitaminlieferant in der Winterzeit galt.

Die Inhaltsstoffe sind sehr gesundheitsfördernd.

Bei Magen-, Blasen-, Leber- und Nierenkrankheiten sowie bei Gicht und Rheuma wurden die heilkräftigen Eigenschaften der Hagebutte in Form von Tee, Wein und Most ebenso stark genutzt. Leider gingen viele dieser Hausrezepte, die meist mündlich tradiert wurden, mit der industriellen Teeproduktion verloren. Diese brachte auch den sauer schmeckenden Hagebuttentee auf jeden Frühstückstisch, der nicht zu vergleichen ist mit jenem vollmundigen, runden, nur leicht säuerlich schmeckenden Tee aus den selbstgesammelten und im Ganzen zermahlenen Früchten und der als Heilmittel bei den oben angeführten Leiden gilt, weil er nicht nur das Fruchtfleisch, sondern auch die heilkräftigen Kerne – die noch dazu nach Vanille schmecken – enthält. Dieser Hagebuttentee ist ein wunderbar schmeckender Vitaminlieferant, der von Kindern besonders mit Honig gerne getrunken wird und der in meiner Familie in der kalten Jahreszeit täglich auf dem Tisch steht. Im Sommer kann er wie Eistee zubereitet werden.

> Neben der Schwarzen Johannisbeere, die lediglich in Gärten anzutreffen ist, zählt die Hagebutte zu den Vitamin-C-reichsten Früchten.

Das Vitamin C in der Hagebutte ist hitzefest.

Das Vitamin C in der Hagebutte ist hitzefest, es ist in gekochten Hagebuttenzubereitungen zu fast 100 % erhalten. Allerdings sollte man bei der Lagerung beachten, dass dieses Vitamin lediglich eine Saison haltbar ist, danach enthalten auch gut gelagerte Produkte nur noch ¼ des ursprünglichen Vitamin-C-Gehaltes.

Die positiven gesundheitlichen Wirkungen der Hagebutteenerzeugnisse sind so vielfältig, sei es für das Allgemeinbefinden (Vitaminspender, blutreinigend, gegen Frühjahrsmüdigkeit, appetitanregend) oder als Spezialnahrungsmittel für Menschen mit höherem Vitamin-C-Bedarf, etwa stillende Mütter (die Muttermilch wird mit Vitamin C angereichert), dass sie hier nicht alle einzeln aufgezählt werden können.

Eine besondere Zuchtform der Rose möchte ich Ihnen im speziellen vorstellen:

Kartoffelrose *(Rosa rugosa)*

Botanische Merkmale und Standort

Die Kartoffelrose stammt aus Asien und ist seit etwa 150 Jahren bei uns heimisch. Sie ist ein aufrecht wachsender, stark Ausläufer treibender, bis 2 m hoher Strauch, dessen dicke Triebe dicht bestachelt sind. Die gefiederten Rosenblätter sind derb und dunkelgrün glänzend. Die Blüten duften sehr stark, sind bis zu 8 cm groß und sitzen in dichten Büscheln an den Triebenden. Sie sind rosa, weiß oder purpurfarben.

Daraus entwickeln sich bis August etwa 2 cm große, flachkugelige, rote, glänzende und sehr fleischige Hagebutten. Die Kartoffelrose wird in der Gartengestaltung häufig als Pflanze für flächige Begrünungen verwendet, so z. B. entlang von Radwegen und Verkehrsstreifen, auf Verkehrsinseln und auf Lärmschutzwällen. Sehr beeindruckend sind ihre Bestände in Norddeutschland, wie etwa auf Sylt, wo die Flutschutzdämme vor den Häusern wie blühende Hügel mit Kartoffelrosen überwachsen sind. Wegen ihres wunderbaren, duftenden Blütenschmucks und der schmückenden Hagebutten kann ich sie nur jedem Hobbygärtner wärmstens zur Ergänzung seines Gartens empfehlen.

Pflückhinweise und Sammeltipps

Da die Früchte der Kartoffelrose in unseren Breiten die größten und fleischigsten Hagebutten sind, die es gibt, lohnt es sich, nach solchen Beständen Ausschau zu halten oder besser noch, sie im eigenen Garten zu kultivieren. Die reifen Früchte hängen ab Mitte August am Strauch und müssen wegen der stacheligen Fruchtstiele mit einer Schere abgeschnitten werden. Sammeln Sie nur die reifen, noch festen Früchte und verabsäumen Sie es nicht, diese aromatischen Früchte gleich an Ort und Stelle zu verkosten!

Verwendung in der Wildfrüchteküche

Die extragroßen, fleischigen Früchte der Kartoffelrose eignen sich besonders zum Kandieren. Halbieren Sie die Früchte für diesen Zweck horizontal, so entstehen zwei lustige „Deckel" mit Stiel und Krone. Kandierte Hagebutten sind nicht nur ein besonders feines Naschwerk, sondern auch eine sehr extravagante Dekoration für Konfekt, Torten und Desserts. Wegen der Größe der Früchte lohnt sich auch die Arbeit, sie zu halbieren und zu entkernen, wenn man sie zu Fruchtmark oder Marmelade verarbeiten will. Sollten Sie zu den Glücklichen zählen, die große Mengen an Kartoffelrosen (oder auch Apfelrosen) zur Verfügung haben, können Sie natürlich auch alle anderen Hagebuttenrezepte dieses Buches mit ihnen nachkochen.

Unsere Lieblingsrezepte

Kandierte Kartoffelrosen-Hagebutten

20 Hagebutten der Kartoffelrose mit Stängel
300 g Honig

Die Hagebutten werden sorgfältig halbiert und beide Hälften mit einem Messer entkernt. Nun wird in einer großen Pfanne der Honig erhitzt, bis er Blasen bildet, und die Hagebuttenhälften werden mit den Stängeln bzw. Kelchblättern nach oben weisend eingelegt. Lassen Sie die Früchte vorsichtig etwa 2 Minuten köcheln, bis sie weich sind, aber nicht zerfallen. Anschließend wird die Pfanne vom Herd genommen und die Hagebutten herausgenommen, die wieder mit den Stängeln bzw. Kelchblättern nach oben zum Trocknen auf ein Kuchengitter gelegt werden. Lassen Sie die Früchte einige Tage an der Luft trocknen oder legen Sie sie über Nacht bei 40 °C ins Backrohr, wobei die Backrohrtüre leicht geöffnet sein sollte. Die Hagebutten sollten nicht ganz austrocknen, sondern noch weich und leicht kaubar bleiben.

Die Hagebutten dürfen beim Kochen nicht zerfallen.

Kandierte Hagebutten sind eine besonders dekorative und köstliche Zubereitungsart der Kartoffelrosen. Andere Hagebutten sind wegen ihres dünneren Fruchtfleisches nicht zum Kandieren geeignet, sie würden zu weich werden und ihre Form verlieren.

Hagebuttentee

Die weichen Hagebutten werden händisch vom Strauch gezupft und im Ganzen getrocknet, bis sie hart sind. Die getrockneten Früchte werden nun in der Küchenmaschine oder in einer alten Kaffeemühle gemahlen, bis die Kernchen etwa halbiert sind. Das grobe Pulver wird in einem Glas mit Schraubverschluss gelagert.

Für 1 Liter Tee benötigen Sie 3 EL Hagebuttenpulver, das mit heißem Wasser übergossen und 15 Minuten ziehen gelassen wird. Gießen Sie nun den fertigen, orangeroten, zart duftenden Tee durch ein Stoffsieb und servieren Sie ihn mit Honig gesüßt.

Hagebutten-Wein-Sirup

1 kg Hagebutten
700 ml trockener Weißwein
700 g heller Blütenhonig

Die Hagebutten werden von den Blütenansätzen befreit, halbiert und über Nacht im Wein ziehen gelassen. Am nächsten Tag wird der Ansatz in einen Topf gefüllt und etwa 20 Minuten auf kleiner Flamme weich gekocht, abgeseiht und durch ein Stoffsieb gegossen (dies ist wegen der juckenden Haare unerlässlich). Die orangerote Flüssigkeit wird mit dem Honig gemischt und warm in Flaschen abgefüllt, die gut verschlossen gelagert werden. Der Sirup eignet sich zum Aromatisieren von Obstsalaten und als Kompottersatz zu Kaiser- oder Grießschmarren sowie zu warmen Kastenkuchen.

Lagern Sie den Sirup gut verschlossen.

Hagebuttenmarmelade

600 g entkernte Kartoffelrosenhagebutten oder Hagebutten im Ganzen
400 g brauner Zucker
Orangensaft oder Wasser
Nelkenpulver
nach Geschmack Orangen- oder Zitronenschale

Die Hagebutten werden mit etwas Wasser oder Orangensaft aufgekocht, mit dem Stabmixer püriert und entkernt, indem sie durch ein feines Sieb gestrichen oder durch die „Flotte Lotte" gedreht werden. Kochen Sie das entstandene Fruchtmark mit etwas Flüssigkeit nochmals auf und fügen Sie den Zucker bei. Lassen Sie die Mischung etwa 10 Minuten leicht köcheln und füllen Sie die heiße Marmelade in saubere Gläser.
Tipp: Die Gewürze können ohne große Geschmackseinbuße auch weggelassen werden.

Hagebutten-Kumquat-Punsch

250 g Hagebuttenmarmelade
Zucker nach Geschmack
250 g in Scheiben geschnittene Kumquats
1 l Orangensaft
1 l Rotwein
4 geschälte und in Scheiben geschnittene Orangen
etwas Zimt und Eischnee zum Dekorieren

Alle Zutaten werden gemeinsam erhitzt, so dass sich die Marmelade und der Zucker völlig auflösen, dann wird der heiße Punsch in Gläschen portioniert und mit winzigen Eischnee-Zimt-Hauben serviert.

Schnelle Vanillecreme mit Hagebuttensauce

500 ml Vanillejoghurt
1 unbehandelte Orange
100 g gehackte und geröstete Walnüsse od. gehackte Pistazien
250 ml Schlagobers
200 g Hagebuttenmarmelade
evtl. Hagebutten- oder Orangenlikör

Das Vanillejoghurt wird mit dem steifgeschlagenen Schlagobers und der geriebenen Orangenschale verrührt, während die Hagebuttenmarme-

lade mit etwas Orangensaft leicht erwärmt wird. Sie können der so entstandenen Sauce auch noch etwas Orangen- oder Hagebuttenlikör nach Geschmack beifügen.

Sie können die gehackten Nüsse auch weglassen.

Die Vanillecreme wird in Portionsschüsseln gefüllt, die Hagebuttensauce daraufgegossen und mit einer Gabel zu einem Muster verstrichen. Zum Schluss werden die gehackten Nüsse je nach Geschmack darübergestreut.

Hagebutten-Wein (ergibt 5 l Hagenbuttenwein)

3 kg reife Hagebutten
100 g Rosinen
4 l Wasser
1,8 kg Zucker

Die entstielten und von den Blütenresten gesäuberten Hagebutten werden grob geschnitten und mit den Rosinen in eine Korbflasche mit weiter Öffnung gefüllt.

Danach wird aus Wasser und Zucker ein Sirup gekocht, der, nachdem er ausgekühlt ist, über die Hagebutten gegossen wird. Die Flaschenöffnung wird mit einem Gazetüchlein abgedeckt und der Ansatz bei 16–18 °C 4 Monate gären gelassen.

Das fertige Getränk wird durch ein Leinentuch gefiltert, in Flaschen gefüllt und verkorkt.

Hagebuttenwein schmeckt köstlich und eignet sich – aufgespritzt mit Sekt oder Mineralwasser – als außergewöhnlicher Aperitif und für Bowlen.

Hagebutten-Mandel-Torte (ergibt 14 Stück Torte)

Teig:

6 Eier	150 g Mehl
150 g brauner Zucker	80 g geriebene Mandeln
Schale von 1 unbehandelten Orange	4 EL Öl
	1 Prise Salz

Butter und Mehl zum Vorbereiten der Backform

Fülle:

200 ml Milch	100 g Zucker
20 g Vanillepuddingpulver	1 TL Vanillezucker
50 g geriebene Mandeln	125 ml Schlagobers
4 EL Hagebuttenlikör	400 g Hagebuttenmarmelade

Zum Verzieren:

250 ml Schlagobers	200 g Mandelplättchen
14 kandierte Hagebutten	

Heizen Sie das Backrohr auf 180 °C vor. In der Zwischenzeit werden die von den Dottern getrennten Eiklar mit der Hälfte des Zuckers zu Schnee geschlagen, die andere Hälfte wird mit dem Dotter schaumig gerührt. Dann werden die restlichen Zutaten in die Dottermasse gerührt und zum Schluss wird der Eischnee untergehoben. Der Tortenboden wird ca. 50 Minuten bei 180 °C gebacken und dann zum Abkühlen beiseite gestellt.

Für die Fülle wird das Puddingpulver in Milch und Zucker unter ständigem Rühren aufgekocht und eine Minute gerührt, bis die Masse dickflüssig ist, dann wird der Pudding zum Auskühlen weggestellt und immer wieder durchgerührt.

Mischen Sie nun den Vanillezucker und die geriebenen Mandeln dazu und heben Sie das geschlagene Schlagobers unter.

Jedes Tortenstück sollte mit einer Hagebutte verziert werden.

Die zwei Mal horizontal durchgeschnittene Torte wird mit dem Hagebuttenlikör beträufelt, mit je 200 g Hagebuttenmarmelade bestrichen und mit der Vanillecreme gefüllt. Zuletzt werden Rand und Deckel der gefüllten Torte mit 2/3 des steifgeschlagenen Schlagobers bestrichen und mit den Mandelplättchen bestreut. Mit dem restlichen Schlagobers und den kandierten Hagebutten wird die Torte verziert, so dass auf jedem Tortenstück eine Hagebutte liegt.

HAGEBUTTEN-TOPFEN-TASCHERLN (ergibt 20 Stück)

1,1 kg Blätterteig, selbst zubereitet oder vom Bäcker
150 g Semmelbröseln
30 g Butter

Fülle:
400 g Topfen, 25 % Fett
2 Eier
100 g brauner Zucker
Zimt, Kardamom und Nelkenpulver nach Geschmack
Schale von 2 unbehandelten Orangen
300 g Hagebuttenmarmelade
1 Ei zum Bestreichen
20 Walnusshälften zum Belegen

Die Brösel werden in der zerlassenen Butter angeröstet, anschließend werden die Zutaten für die Fülle zu einer cremigen Masse verrührt.

Der Blätterteig wird aufgebreitet, wenn nötig ausgerollt und in 20 Quadrate geschnitten, wobei noch 20 etwa 1 cm² große Reststückchen zum Verzieren der Tascherln aufgehoben werden sollten. Geben Sie in die Mitte jedes Teigquadrates eine kleine Portion Butterbrösel und einen gehäuften Esslöffel Topfenfülle, schlagen Sie die vier Eckzipfel darüber, so dass sie sich etwas überlappen, und drücken Sie die Ränder zusammen. Nun werden die Tascherln mit dem verquirlten Ei bestrichen. Auf jedes Tascherl wird zum Schluss ein kleines Teigstück und darauf eine Walnusshälfte zum Verzieren gelegt und beide werden ebenso mit Ei bestrichen.

Topfen-Tascherln werden von Jung und Alt gern gegessen.

Backen Sie die Tascherln auf einem befetteten Backblech oder auf Backpapier bei 170 °C etwa 50 Minuten, bis sie goldbraun sind.

Kartoffelrosen-Chutney

2 kg Kartoffelrosenhagebutten ohne Stiel und Blütenreste
600 g feiner Kandiszucker
1 EL gemahlene Senfkörner
1 TL Cayennepfeffer
1,5 kg grüne Kochäpfel
500 g Zwiebeln
400 ml Weinessig
1 fein gehackte Ingwerwurzel
300 g helle, kernlose Rosinen

Chutney-Gläser zum Auskühlen auf den Kopf stellen.

Die Hagebutten und die Äpfel werden geputzt und in grobe Stückchen geschnitten. Die Früchte werden nun in einem großen Topf bei mittlerer Hitze ohne Umrühren gekocht, bis beinahe die ganze Flüssigkeit verdampft ist. Danach wird die Fruchtmasse passiert, so dass die Kerne zurückbleiben. Nun wird die Fruchtmasse mit den übrigen Zutaten vermischt, nochmals erwärmt und etwa 30 Minuten eingekocht. Sobald die gewünschte Konsistenz erreicht ist, wird das Chutney in kleine Gläser gefüllt, die, gut verschlossen, zum Auskühlen auf den Kopf gestellt werden!
Tipp: Kartoffelrosen-Chutney passt hervorragend zu gebratener Leber, Fondue mit Wildfleisch, Wildgeflügel und anderen Wildgerichten.

Weißdorn *(Crataegus sp.)*

Botanische Merkmale und Standort

Der Weißdorn ist ein zumeist sparriger Strauch mit bis zu 5 m Höhe und einer hellgrauen, glatten Rinde. Seltener wächst er auch als kleiner Baum, der mit seinen astreichen knorrigen Ästen wie ein „Bonsai" aussieht. Seine Zweige sind mit Dornen, die bis zu 1,5 cm lang werden, bewehrt. Die rundlichen, dunkelgrünen Blättchen sind im vorderen Teil ungleich gelappt, meist ergeben sich dadurch dreiteilige Lappen, die am Blattrand auch noch gesägt sind. Die weißen Blüten, die im Mai erscheinen und in Dolden an den Zweigspitzen stehen, besitzen rote Staubgefäße, sie riechen ganz untypisch für Blüten nach Maikäfern und erscheinen nach dem Laubaustrieb. Die Weißdornfrüchte sehen aus wie etwa 1 cm große, ovale Kugeln mit einem Blütenrest wie beim Apfel, das Fruchtfleisch ist gelb und mehlig. Darin befinden sich ein oder zwei relativ große Kerne. Der Weißdorn wächst in lichten Laub- und Laubmischwäldern, in Auwäldern, an Waldrändern und in Hecken. Früher wurde er zur Umfriedung von Weiden und Gärten verwendet.

Pflückhinweise und Sammeltipps

Sammeln Sie die Früchte ab der zweiten Septemberhälfte bis zum November, indem Sie diese direkt von den Dolden abzupfen. Nach dem Fall des Laubes ist die Ernte erheblich leichter, da die Früchte am Strauch verbleiben, bis sie abgezupft oder abgepickt werden.

Verwendung in der Wildfrüchteküche

Weißdornfrüchte sind – frisch genossen – relativ geschmacklos und mehlig, sie werden daher fast nur in Mischung mit anderen Früchten zu Marmeladen, Gelees und Tees verarbeitet. Für die Trocknung sollten die Früchte zunächst eine Woche auf einem Backblech ausgebreitet und erst dann zur Nachtrocknung in den Ofen geschoben werden. Für Weißdorntee werden die getrockneten Früchte vermahlen, über Nacht kalt angesetzt, einmal kurz aufgekocht und gleich abgeseiht. Dieser Tee kann über Monate getrunken werden, ohne seine Wirkung zu verlieren oder Nebenwirkungen zu entfalten. Er dient zur Blutdruckregulierung und wird auch bei Herzfunktionsstörungen, die durch Stress hervorgerufen wurden (Managerkrankheit), eingesetzt.

Weißdorntee reguliert den Blutdruck und wird bei stressbedingten Herzerkrankungen eingesetzt.

Für Wildfrüchteteemischungen wird der Weißdorn ebenfalls in vermahlener Form verwendet. Die vermahlenen Früchte dienten einst in Notzeiten auch zum Strecken von Mehl.

Unsere Lieblingsrezepte

Weissdornfrüchtebrot

1 kg frische Weißdornfrüchte
1 kg Mehl
40 g Hefe
250 ml Orangensaft
1 EL Salz
3 EL Honig

Die Weißdornfrüchte werden verlesen und im Orangensaft weich gekocht, anschließend wird das Fruchtmus püriert. Danach wird es mit dem Mehl, dem Salz, dem Honig und der in lauwarmem Wasser aufgelösten Hefe verknetet, so dass ein geschmeidiger Teig entsteht. Lassen Sie den Teig im Warmen 2 Stunden zugedeckt rasten, bevor Sie ihn nochmals durchkneten und in einer gebutterten Kastenform nach nochmaligem, einstündigem Rasten im vorgeheizten Backrohr bei 230 °C 40 Minuten goldbraun backen.
Tipp: Dieses sehr gesunde Brot kann mit Butter und Honig serviert werden und ist eine Delikatesse.

Wildfrüchtetee, rot

2 Tassen gemahlene Weißdornfrüchte
1 Tasse Apfelschalen
½ Tasse Minze

Die Zutaten werden gut vermischt, pro Tasse wird 1 EL der Mischung mit heißem Wasser aufgegossen und 7 Minuten ziehen gelassen. Dieser Tee schmeckt sehr erfrischend und kann auch kalt als Eistee serviert werden. Lagern Sie den Tee trocken und lichtgeschützt!

Wildfrüchtetee ist auch als Eistee ein Genuss.

Wildfrüchtetee, blau

je 1 Tasse Weißdornfrüchte, Hagebutten und Schwarzer Holunder, alle getrocknet
je ½ Tasse Heidelbeeren und Mandelplättchen, alle getrocknet

Die getrockneten Früchte werden in eine Küchenmaschine gefüllt und gemeinsam zermahlen, so entfaltet sich das Aroma besser. Fügen Sie zum Schluss die Mandelplättchen bei und mischen Sie alle Zutaten nochmals gut miteinander. Lagern Sie die Teemischung trocken und lichtgeschützt.

Pro Tasse Tee wird 1 EL der Mischung mit heißem Wasser übergossen und 15 Minuten ziehen gelassen. Sie erhalten auf diese Weise einen fast schwarzen, sehr gehaltvollen Früchtetee, der – mit Honig gesüßt – sehr gut schmeckt und besonders bei Kindern sehr beliebt ist.

Weintraube *(Vitis sp.)*

Botanische Merkmale und Standort

Die Weinrebe ist mit ihrem verholzten Rebstock, den 5-lappigen Blättern und den typischen Weintrauben wohl jedem bekannt. Im Weinbaugebiet gibt es häufig auch verwilderte oder aufgelassene Weingärten, die sich zur Ernte anbieten, aber auch frei klimmende Rebstöcke, die in Bäume klettern, habe ich schon oft vorgefunden.

Pflückhinweise und Sammeltipps

Vergewissern Sie sich, dass die Früchte ungespritzt sind, dies trifft am ehesten auf die verwilderten Weingärten zu. Sammeln Sie keinesfalls von bewirtschafteten Rebkulturen, da die Früchte stark gespritzt sind und auch der Weinbauer keine Freude mit sammelnden Wanderern hat, nachdem er seine Rebstöcke mühevoll gepflegt hat. Je nach Sorte reifen die Trauben ab Mitte August. Besonders köstlich und süß sind jene Früchte, die bis zum ersten Frost unentdeckt hängen bleiben.

Verwendung in der Wildfrüchteküche

Weintrauben enthalten viele Vitamine und Traubenzucker.

Reife Trauben galten nicht ohne Grund in der Antike als „Geschenk der Götter". Sie enthalten reichlich Vitamine und Traubenzucker, sind sehr bekömmlich und auch für Rekonvaleszente sehr aufbauend. Wegen ihrer nieren- und darmaktivierenden sowie blutreinigenden Wirkungsweise sind sie auch für den gesunden Menschen eine sehr nützliche und wohlschmeckende Speise.

Frische Trauben eignen sich sehr gut für süße und pikante Speisen (z. B. in Verbindung mit Käsesorten). Zu Gelee und Marmelade verarbeitet, schmecken sie sehr aromatisch und, getrocknet als Sultaninen, Rosinen und Korinthen, lassen sie sich zu vielerlei Köstlichkeiten, wie Konfekt, Rohkost, Gebäck, Keksen, aber auch zu Deftigem verarbeiten. Frischer Traubensaft gehört wohl zu den köstlichsten Getränken unserer Breiten.

Auch getrocknet können Weintrauben zu vielen Köstlichkeiten verarbeitet werden.

Unsere Lieblingsrezepte

Weintraubengelee mit Duftpelargonien

3 kg Weintrauben oder
2 l frischer Traubenmost
5 EL Pektin
400 g – 1 kg Zucker
(je nach Süße der Trauben)
einige Blätter der Duftpelargonie

Trauben, Zucker und Pektin werden aufgekocht, die Fruchtmasse passiert, die Kerne entfernt und die Masse auf kleiner Flamme eingekocht, bis die Gelierprobe gelingt. Nun werden die feingehackten Blättchen der Duftpelargonie eingerührt und das heiße Gelee abgefüllt. Beim Verkochen von Traubenmost fällt das Passieren natürlich weg.

Fleisch-Trauben-Pastetchen (ergibt 12 Stück)

640 g Blätterteig
1 versprudeltes Ei zum Bestreichen

Fülle:
100 g Zwiebeln
100 g Hühnerbrust
1 EL Olivenöl
100 g faschiertes Rindfleisch
20 g Rosinen
Salz, Pfeffer
2 kleine Knoblauchzehen
1 Lorbeerblatt
1 EL gehackte Petersilie
30 g Pinienkerne
100 g kernlose Weintrauben
etwas Mehl

Kochen Sie etwas Wasser mit einer geschälten Knoblauchzehe und dem Lorbeerblatt auf und lassen Sie das Hühnerfleisch 10 Minuten darin köcheln. Dann wird das ausgekühlte Fleisch in etwa 1 cm große Würfel geschnitten und mit der gehackten Zwiebel, dem gehackten Knoblauch und der Petersilie im Öl angebraten. Anschließend werden das Faschierte, die Pinienkerne, die Weintrauben und die Rosinen eingerührt. Salzen und pfeffern Sie die Fülle und lassen Sie diese noch 5 Minuten braten. Dann wird der Blätterteig ausgerollt und Kreise von etwa 10 cm Durchmesser ausgestochen. Die Hälfte der Teigstücke wird mit der Füllung belegt und die Teigränder dünn mit dem versprudelten Ei bestrichen, danach wird ein leeres Teigstück darübergebreitet und die übereinanderliegenden Ränder werden zusammengedrückt. Die mit Ei bestrichenen Pastetchen werden auf einem befetteten Backblech im vorgeheizten Rohr bei 220 °C 15–20 Minuten gebacken und am besten gleich warm serviert.

Weintraubenmarmelade mit Nelken und Grapefruit

3 kg Weintrauben oder 2 l frischer Traubenmost
2 Grapefruits, geschält, entkernt und in Stückchen geschnitten
1 TL Gewürznelkenpulver
1 kg Gelierzucker 3:1
0,5–1 kg brauner Zucker nach Bedarf

Kochen Sie alle Zutaten außer den Grapefruitstückchen zusammen auf, passieren Sie die Marmelade bei Bedarf und fügen Sie anschließend die Grapefruitstückchen bei. Lassen Sie alles noch 10 Minuten kochen und füllen Sie die Marmelade heiß in Gläser ab.

Kornelkirsche, Dirndl *(Cornus mas)*

Botanische Merkmale und Standort

Die Kornelkirsche (Dirndl) ist ein sparriger Strauch oder kleiner Baum mit hellgrauer Rinde. Die gelben Blüten entspringen kugeligen Knöspchen mit ca. 0,5 cm Durchmesser und erscheinen bereits im Februar, wenn alles andere noch kahl und blattlos ist. Aus ihnen entstehen bis zum Herbst länglich-ovale, kirschrote Steinfrüchte, die wie Weichseln säuerlich schmecken. Die Laubblätter sind hellgrün und besitzen bogenförmig verlaufende Blattadern. Kornelkirschen sind im Weinbaugebiet stark verbreitet, oft bilden sie dichte Gebüsche. Sie kommen aber auch an lichten Waldrändern und in Hecken vor, wo sie als Ziergehölze sehr beliebt sind. Es gibt auch etliche Fruchtsorten, die in Liebhabergärten zu finden sind.

Pflückhinweise und Sammeltipps

In vielen Fachbüchern wird empfohlen, mit der Kornelkirschenernte bis zum ersten Frost zuzuwarten, da dadurch die Gerbsäure in den Früchten zerstört wird und diese milder im Geschmack werden. Meistens sind bis dahin jedoch schon alle Früchte abgefallen. Wir pflücken die Kornelkirschen daher schon im September, wenn sie dunkelrot und vollreif am Strauch hängen. Wenn nötig, können sie vor der Verarbeitung im Tiefkühlfach gefroren werden, um die Gerbsäure zu vermindern, doch keinem von uns ist dies bisher nötig erschienen. Achten Sie in jedem Fall darauf, dass die Früchte vollreif und etwas weich sind, und kosten Sie sie, bevor Sie sie ernten, denn unreife Dirndln schmecken abscheulich.

Ist die Frucht zu bitter, legen Sie sie ins Gefrierfach.

Verwendung in der Wildfrüchteküche

Vollreife, dunkelrote Kornelkirschen schmecken herrlich nach vollreifen Weichseln und lassen sich wie diese zu Kompotten, Marmeladen und Gelees verarbeiten. Vor allem letztere haben eine wunderbare, intensiv rote Farbe. Um die Fruchtmasse zu strecken, können zur Hälfte auch andere Früchte beigemischt werden, etwa Äpfel oder Quitten. Kornelkirschen, süß-sauer eingelegt, sind eine exotisch anmutende Beigabe zu Wild- und Geflügelgerichten. Versuchen Sie in jedem Fall die Kornelkirschen-Kürbiskern-Florentiner! So etwas Köstliches bietet die Wildfrüchteküche nicht alle Tage!

Unsere Lieblingsrezepte

Kornelkirschenmarmelade

1 kg reife, dunkelrote Kornelkirschen
Zimt und Zitronenschale nach Geschmack
500 g Äpfel
1 kg Gelierzucker 2:1
etwas frisch gepresster Orangensaft

Die Kornelkirschen werden mit dem Zucker und den Gewürzen in etwas Orangensaft etwa 10 Minuten gekocht, bis sich das Fruchtfleisch vom Kern zu lösen beginnt. Passieren Sie nun das Fruchtmus, entfernen Sie die Kerne und kochen Sie das Mus nochmals unter Beigabe der Apfelstückchen auf. Lassen Sie die Marmelade 7 Minuten leicht weiterköcheln und füllen Sie die Marmelade heiß in Gläser, die gut verschlossen werden.

Kornelkirschen-Sultaninen-Kompott

500 g reife Kornelkirschen
500 g kernlose Weintrauben (Sultaninen)
1 Stück Zimtrinde
150 g brauner Zucker
Schale von 1 unbehandelten Zitrone
1,5 l Wasser

Kochen Sie die gewaschenen, verlesenen Früchte mit dem Wasser, dem Zucker und den Gewürzen auf und passieren Sie das Fruchtmus. Dann werden die Kerne und die Gewürze entfernt und das Fruchtmus nochmals

Die Trauben sollen beim Kochen nicht aufplatzen.

unter Beigabe der Sultaninen aufgekocht. Lassen Sie das Kompott 5 Minuten köcheln, die Trauben sollten dabei nicht aufplatzen. Das Kompott kann heiß oder kalt serviert werden.

Gebratener Hokkaido- und Butternusskürbis mit Dirndlsauce

je 1 kleiner Hokkaido- und Butternusskürbis
60 g Butter
100 g Zucker
¼ TL Zimt

Dirndlsauce:
250 g Kornelkirschen
10–15 Wacholderbeeren
40 g Zucker
etwas Sauerrahm zum Servieren

Die Butter wird in Flocken auf einem Backblech verteilt und der entkernte, in ca. 0,5 cm dicke Scheiben geschnittene Kürbis gleichmäßig auf dem Backblech ausgelegt. Die Kürbisstücke werden erst mit Zimt, dann mit Zucker bestreut und bei 250 °C im vorgeheizten Backrohr ca. 10 Minuten gebraten. Für die Dirndl-Wacholder-Sauce kochen Sie die Kornelkirschen samt Zucker und Gewürzen in einer großen Pfanne ca. 5 Minuten. Lassen Sie die Sauce 10 Minuten ziehen und entfernen Sie dann die Wacholderbeeren. Servieren Sie den gebratenen Kürbis warm in der heißen Dirndl-Wacholder-Sauce und dekorieren Sie ihn mit einem Löffelchen gesüßtem Sauerrahm obenauf.

Garnieren Sie den Kürbis mit gesüßtem Sauerrahm.

Kornelkirschen, süss-sauer eingelegt

1 kg reife, dunkelrote Dirndln
15 Gewürznelken
1 TL Wacholderbeeren
1 EL Salz
500 ml Rotweinessig
1 Zimtstange
1 TL Koriander
10 EL Honig

Kochen Sie aus allen Zutaten, außer den Früchten, einen Gewürzsud, den Sie etwa 30 Minuten ziehen lassen, und legen Sie in den kochenden Sud die verlesenen Kornelkirschen ein. Die Früchte werden, ohne sie aufzukochen (!), 10 Minuten ziehen gelassen. Dann werden die Dirndln abgegossen, in Gläser gefüllt und mit dem neuerlich aufgekochten Gewürzsud übergossen. Lassen Sie die süß-sauren Kornelkirschen mindestens 2 Monate im Kühlen reifen, ehe Sie sie wie Oliven servieren. Auf Antipasti-Tellern oder auf exquisiten Brötchen ergeben sie eine schmackhafte Delikatesse.

Kornelkirschen-Kürbiskern-Florentiner (ergibt 25 Stück)

30 g Zucker
20 g Honig
80 g Kürbiskerne
100 g Kuvertüre oder Schokoladenglasur zum Bestreichen
40 ml Schlagobers
10 g Butter
40 g feste Kornelkirschen, entkernt

Schmelzen Sie die Kuvertüre im Wasserbad, so brennt sie nicht an.

Zucker, Schlagobers, Honig und Butter werden dickflüssig eingekocht, die Kürbiskerne und die entkernten Kornelkirschen hinzugefügt und alles nochmals kurz aufgekocht. Ein Backblech wird mit Backpapier belegt, die Florentinermasse dünn aufgetragen und bei 180 °C im vorgeheizten Backrohr gebacken, bis sie fast zu bräunen beginnt. Lassen Sie die Florentiner nun etwas auskühlen und schneiden Sie sie noch warm in kleine Quadrate. In der Zwischenzeit schmilzt man die Kuvertüre vorsichtig im Wasserbad, belegt ein Backblech mit Backpapier und streicht die Schokolade dünn aufs Papier. Dann werden die bereits geschnittenen Florentinerecken rasch in einem Abstand von 1 cm in die Schokolade gelegt. Schneiden Sie die Schokolade um die Florentiner, solange sie halbfest ist, neuerlich in Quadrate und lassen Sie die fertigen Florentiner auf dem Papier abkühlen.

Zwetschke *(Prunus domestica)*

Botanische Merkmale und Standort

Der Zwetschkenbaum wird 10 m hoch, er blüht mit weißen Blüten bei Laubaustrieb am zweijährigen Holz, was sehr hübsch aussieht. Aus den Blüten entwickeln sich bis September blaubereifte, ovale Steinfrüchte, die wohl jeder kennt. Die elliptischen Laubblätter sind dunkelgrün und am Rand gesägt. Zwetschken kommen als eher anspruchslose Bäume in unseren Gärten, aber auch verwildert in Weinbergen und Hecken vor.

Pflückhinweise und Sammeltipps

Sammeln Sie nur die vollreifen Früchte, da sie sich zu köstlichen Speisen verarbeiten lassen. Unreife Früchte reifen zwar nach, bekommen aber nie dieses vollmundige, würzige Aroma, das vollreife Zwetschken haben.

Verwendung in der Wildfrüchteküche

Vom bekannten Zwetschkenmus (Powidl) über Zwetschkenmarmelade und -kompott führt unser kulinarischer Höhenflug unweigerlich auch zu den gedörrten Zwetschken, die noch mit Schokolade umhüllt oder mit Marzipan gefüllt werden können. Pikante Gerichte wie gedörrte Zwetschken im Speckmantel oder in Fleischbällchen sind eine feine Vorspeise, mit Salat serviert auch eine kleine Hauptmahlzeit.

Unsere Lieblingsrezepte

Zwetschkenpüree

1 kg entkernte Zwetschken
2 Stück Sternanis
½ TL Ingwerpulver
200 g Zucker
10 Gewürznelken

Die Zwetschken und der Zucker werden mit etwas Wasser 30 Minuten gekocht und das Fruchtmus püriert. Nun werden die Gewürze in einem Tee-Ei oder Stoffsäckchen beigefügt und noch 30 Minuten mitgekocht. Rühren Sie die dickflüssige Masse häufig um, damit sie nicht anbrennt! Dann können die Gewürze entnommen werden und das Zwetschkenpüree wird heiß in Gläser abgefüllt.

Vorsicht: Die Masse brennt leicht an!

Tipp: Es passt ausgezeichnet zu gebratener Ente, Gans und Fasan.

Heisse Vanillezwetschken

400 g Zwetschken
ganze Schale und Saft von 1 unbehandelten Orange
1 Vanilleschote
100 g brauner Zucker
100 ml Wasser

Die im Ganzen entkernten Zwetschken werden mit den übrigen Zutaten kurz aufgekocht, beiseite gestellt und einige Stunden ziehen gelassen. Vor dem Servieren werden sie nochmals erwärmt.

Tipp: Heiße Vanillezwetschken passen gut zu Eis und Parfait, besonders Maroniparfait, und können auch aus tiefgekühlten Früchten hergestellt werden.

Heiße Vanillezwetschken, hier zu Schlehen-Zimt-Parfait serviert.

Zwetschken-Kaltschale mit süssem Eierstich

Zwetschken-Kaltschale:

500 g entkernte Zwetschken
60 g Zucker
Schale und Saft von 1 unbehandelten Orange und 1 Zitrone
600 ml fruchtiger Rotwein
½ Zimtstange
10 Gewürznelken

Eierstich:

Mark von 1 Vanilleschote
100 ml Schlagobers
Butter für die Form
3 Eier
30 g brauner Zucker

Für die Zwetschkenkaltschale werden alle Zutaten miteinander vermischt und 15 Minuten köcheln gelassen. Dann werden die Gewürze herausgenommen, das Fruchtmus püriert und eingekühlt.

In der Zwischenzeit werden die Zutaten für den Eierstich miteinander verquirlt, die Masse in eine flache, mit Butter bestrichene Form gefüllt und mit bebutterter Alufolie bedeckt. Lassen Sie den Eierstich bei 200 °C im vorgeheizten Backrohr im Wasserbad 40 Minuten stocken und dann auskühlen. Er wird dann gestürzt, in Stückchen geschnitten und in der Zwetschken-Kaltschale serviert.

Sonnenblumen-Dörrzwetschken-Florentiner (ergibt 25 Stück)

20 g brauner Zucker
20 g Honig
80 g Sonnenblumenkerne
100 g Kuvertüre
60 ml Schlagobers
20 g Butter
40 g Dörrzwetschken

Die in Streifen geschnittenen Zwetschken werden mit Zucker, Honig, Schlagobers und Butter dickflüssig eingekocht. Dann werden die Sonnenblumenkerne beigefügt und kräftig eingerührt. Ein Backblech wird mit Backpapier belegt, die Florentinermasse dünn aufgetragen und bei 180 °C im vorgeheizten Backrohr gebacken, bis sich die Sonnenblumenkerne zu bräunen beginnen. Lassen Sie die Florentiner nun etwas auskühlen, dann werden sie noch warm in kleine Quadrate geschnitten und ganz auskühlen gelassen. Mittlerweile schmilzt man die Kuvertüre vorsichtig im Wasserbad, belegt ein Backblech mit Backpapier und streicht die Schokolade dünn darauf. Dann werden die schon geschnittenen Florentinerecken in einem Abstand von 1 cm in die Schokolade gelegt. Schneiden Sie die Schokolade um die Florentinerecken, solange sie halbfest ist. Die fertigen Florentiner werden zum Abkühlen auf dem Papier belassen, dann wird dieses vorsichtig abgezogen.

Das Papier erst abziehen, wenn die Florentiner abgekühlt sind.

Zwetschken-Walnuss-Konfekt

500 g frische Zwetschken
100 g Rosinen
etwas Essig
50 g Walnüsse
50 g grob gehackte Haselnüsse

Die entsteinten Zwetschken werden mit den Rosinen mittels eines Stabmixers zu Mus verarbeitet, danach werden Wal- und Haselnüsse beigemengt und die Masse mit etwas Essig abgeschmeckt. Die Mischung wird etwa 0,5 cm dick auf ein Backpapier aufgetragen und bei 65 °C im halbgeöffneten Backrohr getrocknet. Anschließend wird das Zwetschken-Walnuss-Konfekt in längliche Streifen geschnitten.

Zwetschkenkompott, mediterran

600 g halbierte und entsteinte Zwetschken
5 Lorbeerblätter
6 Gewürznelken
200 ml Wasser
2 Zweige Rosmarin
100 g kräftiger Blütenhonig

Die Zwetschken werden im Gewürzsud aufgekocht, 5 Minuten zart köcheln und 30 Minuten ziehen gelassen.

Passt zu gebackenen Parasolen, gebackenem Tofu oder zu gebackenen Hühner- oder Putenschnitzeln.

Dörrzwetschken-Speck-Spiesschen

32 weiche Dörrzwetschkenhälften
125 g Mozzarella, in 32 Streifen geschnitten
32 Scheiben Frühstücksspeck
Öl zum Herausbraten

Je eine Dörrzwetschke wird mit einem Streifen Mozzarella, welcher auf der Innenseite der Zwetschke platziert wird, in eine Scheibe Speck gewickelt und mit einem Zahnstocher festgesteckt. Die Röllchen werden in wenig Öl in der Pfanne herausgebraten, bis der Speck knusprigbraun ist.

Diese Spießchen schmecken ausgezeichnet als Vorspeise mit Salat oder zum Aperitif.

Köstlich-fruchtige Florentiner: Sonnenblumen-Dörrzwetschken (vorne) und Kornelkirschen-Kürbiskern (S. 136, hinten)

Maroni-Palatschinken mit Zwetschkenfüllung

Maroni-Palatschinkenteig: siehe Kapitel „Maroni", unten

Zwetschkenfüllung:

400 g entkernte und halbierte Zwetschken
1 Prise Zimt
125 ml Schlagobers
80 g Zucker
etwas Gewürznelkenpulver

Garnieren Sie die Palatschinken mit Staubzucker und Walnüssen.

Obers und Zucker werden in einer großen Pfanne erhitzt, die Zwetschken und die Gewürze hnizugegeben und 5 Minuten unter Rühren sanft gekocht. Je nach Geschmack kann die Zwetschkenfüllung heiß oder kalt in die frischgebackenen Palatschinken gefüllt werden, die mit Staubzucker und gemahlenen Walnüssen bestreut serviert werden.

Dörrzwetschken in Fleischbällchen

500 g Hackfleisch
24 halbierte Dörrzwetschken
1 Ei
etwas Pfeffer
60 g Semmelbrösel
60 g gehackte Mandeln
2 Zwiebeln
1 TL Salz
1 TL Majoran
20 g Butter

Die geschälte, feingehackte Zwiebel wird mit dem Fleisch, dem Ei, den Gewürzen, den Semmelbröseln und den Mandeln zu einer homogenen Masse verknetet. Aus der Masse werden nun kleine Bällchen mit einer Dörrzwetschkenhälfte in der Mitte geformt, die in heißer Butter von allen Seiten goldbraun und knusprig gebacken werden.

Maroni, Edelkastanie *(Castanaea sativa)*

Botanische Merkmale und Standort

Die Edelkastanie gehört zur Familie der Buchengewächse. Der Baum wird bis zu 35 m hoch, ältere Exemplare haben eine graue Rinde mit tiefen, spitzbogigen Rissen. Im ganzen Baumstamm und auch in den Ästen ist eine „Windung" bzw. „Drehung" zu sehen, was sehr malerisch aussieht. Die bis zu 15 cm langen Blätter sind länglich, spitz mit stachelig gesägtem Blattrand. Aus den würstchenartigen, 10 cm langen Blüten entstehen die Maronifrüchte mit erst grüner, dann brauner Schale; diese sitzen zu dritt in einer dicht von spitzen, dünnen Stacheln besetzten, grünen Fruchthülle, die zur Fruchtreife im Oktober am Baum aufplatzt und die reifen Maroni freigibt. Die Edelkastanie wächst besonders im Mittelmeergebiet, wo sie sogar Wälder bildet. Bei uns kommt sie in wintermilden Weinbaugebieten relativ häufig vor, so z. B. in der Südsteiermark, im Tessin und im Bergell. Nördlich der Alpen gedeiht sie nur in milden Lagen.

Pflückhinweise und Sammeltipps

Bei der Maroniernte sind zwei Dinge besonders wichtig: der richtige Zeitpunkt und dicke Handschuhe. Ersterer ist, je nach Standort, meist der frühe September – also früher, als man es erwarten würde, nämlich lange vor dem Laubfall. Am besten ist es, zuerst einen Kontrollgang zu machen und dann einen sonnigen, windigen Tag zum Maronisammeln abzuwarten. Dann liegen die reifen Früchte nämlich oft, den Boden bedeckend, unter den Bäumen und man braucht sie nur noch aufzusammeln. Dazu ist es aber wichtig, die Finger mit dicken Lederhandschuhen zu schützen. Es gibt für mich keine andere Wildfruchternte, die so beglückend ist wie Maronisammeln: Der Wald, die hübschen, glänzenden Früchte in ihren grünen Fruchthüllen, Sonnenlicht, das durch die Zweige scheint, meine aufgeregte, kleine Tochter, die nicht weiß, welche Maroni sie zuerst aufsammeln soll, und viele andere Sammler, die im „Maronisammelfieber" schwelgen, machen diese Ausflüge zu ganz besonderen Erlebnissen, die in jedem Teller voller Maroni nachklingen.

Schützen Sie Ihre Finger bei der Ernte mit dicken Handschuhen!

Verwendung in der Wildfrüchteküche

Obwohl die Edelkastanie eine echte Nussfrucht ist, hat sie – verglichen mit anderen Nüssen – mit nur 2 % einen sehr geringen Fettgehalt, dafür enthält sie über 40 % Kohlenhydrate. Diese Tatsache und die vielen Vitamine (Vitamin B, C und E) und Mineralstoffe (2 %) der Maroni machen sie zu einem besonders gesunden Nahrungsmittel, das regelmäßig am Speiseplan stehen sollte. Die ausgewogene Menge an Stärke und Zucker macht die Früchte für Kinder und Rekonvaleszente leicht verdaulich. Früher zählte die Maroni vor allem in den Mittelmeerländern, aber auch bei uns zu den Grundnahrungsmitteln, vor allem für die ärmeren Bevölkerungsschichten, die sich in den reichtragenden Wäldern selbst versorgten. Das Sammeln war jedermann erlaubt und sorgte für Abwechslung auf dem Winterspeiseplan. Die Maroni wurden getrocknet, gelagert und nach längerer Einweichzeit gekocht oder geröstet, aber auch zu Mehl verarbeitet, welches mit Getreidemehl vermischt wurde. Mit dem vermehrten Kartoffelanbau verdrängte diese billige Ackerfrucht die Maroni in ihrer Funktion als Kohlenhydratlieferant.

Maroni haben viele Vitamine und Mineralstoffe.

Heute gelten Maroni als Delikatesse und sind je nach Größe und Herkunft relativ teuer, dies gilt besonders für ihre Veredlungsprodukte, etwa geschälte Maroni oder Kastanienreis. Die Herkunft der Maroni spiegelt sich in ihrem Geschmack wider, denn je sonniger ihr Standort ist, desto süßlicher und nussartiger wird ihr Aroma .

Je sonniger der Standort, desto süßer das Aroma.

Gebratene Maroni und Maronireis sind eine Delikatesse.

Eine klassische Zubereitungsart sind gebratene Maroni. Dazu werden sie an der bauchigen Seite eingeschnitten und in der Schale bei 250 °C im Backrohr gebraten. Maroni können auch in der Schale gekocht und anschließend mit einem scharfen Messer geschält werden, dies dauert je nach Größe 4–10 Minuten. Die geschälten Früchte werden Eintopfgerichten beigefügt, in Füllungen für Geflügel gemischt oder in Milch weich gekocht bzw. gezuckert und püriert als Maronireis serviert. Maronimehl ist in Reformhäusern erhältlich und kann zur Herstellung von Palatschinken verwendet werden.

Die Volksheilkunde empfiehlt den Genuss von Maroni besonders Heranwachsenden und älteren Menschen zur Muskelstärkung.

Unsere Lieblingsrezepte

Maroniparfait mt Sanddorn-Trauben-Sauce

Parfait:

150 g gekochte, geschälte und passierte Maroni
120 g Zucker
Zimt nach Geschmack
2 Eier
1 Dotter
120 ml Schlagobers
2 EL Orangenlikör

Sanddorn-Trauben-Sauce:

300 g Sanddorn-Apfel-Marmelade
1 Schuss Sanddornlikör
250 g blaue Trauben
60 g brauner Zucker
1 Prise Apfelpektin

Eier, Dotter und Zucker werden in einer Schüssel über Dampf schaumig geschlagen, dann wird die Masse unter Weiterschlagen abgekühlt. Nun werden das Maronipüree, der Zimt und der Likör beigefügt und das steifgeschlagene Schlagobers untergehoben. Die Masse wird in eine gekühlte Kastenform gefüllt und etwa 4 Stunden tiefgekühlt. Zum Herausstürzen wird die Form kurz in heißes Wasser getaucht.

Für die Sanddorn-Trauben-Sauce werden etwa zwei Drittel der Trauben mit wenig Wasser, Pektin und Zucker ca.1 Minute lang gekocht und dann zu Gelee passiert. Anschließend werden die Sanddornmarmelade und die restlichen halbierten und entkernten Trauben beigefügt. Die Sauce sollte etwas ziehen.

Das Maroniparfait wird mit einem scharfen Messer in Portionen geschnitten und mit der erwärmten Sanddorn-Trauben-Sauce, in die der Likör untergerührt wurde, serviert.

Garnieren Sie das Parfait mit selbstgemachten Keksen!

Maroniauflauf mit Schilcher-Chaudeau

80 g gekochte, geschälte und pürierte Maroni
20 g Bitterkuvertüre
etwas Rum
50 g brauner Zucker
50 g weiche Butter
2 Eier
Butter und Zucker für die Backform

Schilcher-Chaudeau:

150 ml Schilcher
6 Eidotter
80 g Staubzucker
2 EL Orangenlikör

Für den Auflauf wird die leicht erwärmte Kuvertüre in die schaumig gerührte Butter eingerührt, danach werden die Eidotter, die passierten Maroni und der Rum beigefügt. Das Eiklar wird mit dem Zucker zu Schnee geschlagen und unter die Masse gehoben. Nun werden vier Kaffeetassen oder Puddingförmchen mit Butter bestrichen und mit Zucker ausgestreut, die Maronimasse eingefüllt und im Wasserbad im vorgeheizten Backrohr bei 200 °C etwa 35 Minuten pochiert.

In der Zwischenzeit bereiten Sie das Chaudeau zu, indem alle Zutaten gut miteinander verrührt und in einer großen Schüssel über Wasserdampf mit dem Schneebesen schaumig geschlagen werden. Das Chaudeau muss sofort nach der Fertigstellung über den aus den Förmchen gestürzten Maroniauflauf gegossen werden, ansonsten wird es wieder flüssig.

Chaudeau ist eine süße Weinschaumcreme.

Süsse Kastanienkroketten

500 g gekochte, geschälte Maroni
100 g Semmelbrösel
etwas Vanille
abgeriebene Schale von 1 unbehandelten Orange
Öl zum Backen
250 ml Milch
20 g Butter
2 verquirlte Eier
etwas Zimt
150 g Zucker
Semmelbröseln zum Wälzen

Die Maroni werden 20 Minuten in Wasser weich gekocht, geschält und passiert. Dann werden sie mit der halben Eimasse gemischt. Milch, Butter, Bröseln und die Gewürze werden erwärmt, 5 Minuten köcheln gelassen und unter die Maronimasse gerührt. Dann wird die Masse mithilfe eines Dressiersackes in Krokettenform gespritzt und die Kroketten im verquirlten Ei und den Bröseln gewälzt, ehe man sie im heißem Öl frittiert. Lassen Sie die heißen Kroketten etwas abtropfen und servieren Sie dazu eine Beerenauslese!

Maroni in Vanillesirup

1 kg Maroni
250 g brauner Zucker
200 ml Wasser
1 Vanilleschote

Die Maroni werden kreuzweise eingeschnitten und bei 250 °C im Backrohr gebraten, bis die Schale aufspringt, dann geschält und in Gläser gefüllt. In der Zwischenzeit wird der Zucker in einem Topf karamellisiert, mit Wasser abgelöscht und mit dem Vanillemark 10 Minuten verkocht. Gießen Sie den heißen Sirup über die Maroni, so dass diese bedeckt sind. Dann werden die Gläser im Backrohr bei 200 °C pasteurisiert.
Tipp: Vergessen Sie nicht, die Gläser auf ein Backblech mit Wasser zu stellen!

Maroni-Palatschinken

70 g Maronimehl (selbst hergestellt oder vom Reformhaus)
Schale von ¼ einer unbehandelten Orange
3 Eier
150 ml Milch
1 Prise Salz
Öl oder Butter zum Backen

In die verquirlten Eier werden nach und nach die anderen Zutaten eingerührt, dann wird der Teig zum Quellen 15 Minuten zur Seite gestellt. Nun wird das Öl oder die Butter in einer Pfanne erhitzt und der Teig zu dünnen Palatschinken gebacken.

Servieren Sie die fertigen Palatschinken möglichst warm, mit einem Fruchtmus gefüllt. Sie schmecken besonders fruchtig mit Zwetschkenfüllung (siehe Kapitel „Zwetschken", S. 136 ff.).

Maroni-Hagebutten-Tiramisu

300 g gekochte, geschälte und pürierte Maroni
4 Eidotter
60 g Staubzucker
50 g gehackte Pistazien
200 g Mascarpone
40 Biskotten
2 Eiklar
40 g brauner Zucker
100 g Hagebuttenmarmelade
Hagebuttenlikör oder konzentrierter Hagebuttentee mit Honig zum Tränken der Biskotten und etwas Orangensaft zum Verdünnen

Dotter und Staubzucker werden schaumig gerührt und danach der Mascarpone sowie die pürierten Maroni eingerührt. Schlagen Sie nun die Eiklar mit dem braunen Zucker zu Schnee und heben Sie ihn unter die Maronimasse. Eine längliche Kuchenform wird mit den in Likör oder Hagebuttentee getränkten Biskotten ausgelegt, darauf wird eine Schichte

Maronicreme verteilt, dann folgt eine Schichte Biskotten, die mit einer Schichte Maronicreme abgedeckt wird. Zuoberst wird eine Abschlussschicht aus Biskotten gelegt, die mit Hagebuttenmarmelade reichlich übergossen wird. Ist die Marmelade zum Gießen zu fest, wird sie mit etwas Orangensaft verdünnt.

Bestreuen Sie das Maroni-Hagebutten-Tiramisu mit gehackten Pistazien und servieren Sie es leicht gekühlt.

Maroni-Kekse

140 g Weizenmehl
140 g Butter
1 Ei
1 Prise Zimt
200 g gekochte, passierte Maroni
140 g Zucker
1 Dotter
1 Dotter zum Bestreichen

Alle Zutaten werden zu einem Mürbteig verknetet, der 30 Minuten zum Rasten in den Kühlschrank gestellt und anschließend 1 cm dick auf einer bemehlten Unterlage ausgerollt wird.

Stechen Sie Formen nach Wahl aus (Blätter sind besonders schön), dann werden die Maroni-Kekse mit dem Eidotter bestrichen und bei 180 °C ca. 15 Minuten gebacken, bis sie goldbraun sind.

Speierling *(Sorbus domestica)*

Botanische Merkmale und Standort

Reife Speierlinge sind schokoladebraun gefärbt.

Der Speierling ist ein Strauch oder Baum, der im Laufe eines Jahrhunderts zu einer majestätischen Erscheinung heranwachsen kann. Er ist mit der Esche eng verwandt, sieht ihr ähnlich und wächst ebenso hoch wie sie. Da er die Blätter nur im Kronenbereich hat und nicht am hohen Stamm, ist für uns vergleichsweise „kleingewachsene" Wildfrüchtesammler nur zu erahnen, wie das Laub aussieht und wo die Früchte herkommen, die herabfallen.

Die Fiederblättchen setzen sich aus 13–17 am Rand gezähnten Einzelblättchen zusammen, die sich immer paarig gegenübersitzen, ein einzelnes bildet das Blattende. Die jungen Blätter sind mattgrün und auf der Unterseite wollig behaart, während die ausgewachsenen Blätter kahl sind. Im Mai stehen die Blüten in flachen Blütenständen an den Astenden und bringen etwa 6 cm große, apfel- bzw. birnenförmige Früchte hervor, die anfangs grün, zum Zeitpunkt des Fruchtfalles grüngelb mit roten Backen und, wenn sie vollreif und essbar sind, schokoladebraun gefärbt sind. Sie enthalten wie Äpfel und Birnen ebensolche Kernchen, haben aber kein so hartes Kerngehäuse.

Der Speierling stammt ursprünglich aus Südeuropa und kommt in unseren Breiten als halbwildes Gewächs in Laubmischwäldern und Gebüschen vor. Früher, als die Menschen noch vermehrt Wildfrüchte sammelten, wurde er gerne als Heckenpflanze genutzt. Heute findet der Speierling wieder in Streuobstwiesen Verwendung, besonders in Deutschland und Frankreich.

Pflückhinweise und Sammeltipps

Die grüngelben, reifen Speierlingsbirnen sind ebenso wie die Maroni am Waldboden in größeren Mengen zu finden. Wer die kleinen, appetitlich rotbackig aussehenden, vermeintlich reifen Früchte jedoch anbeißt, wird sie schnell wieder ausspucken, da sie so gerbstoffhältig sind, dass man den Mund fast nicht mehr aufbringt. Doch mit ein wenig Geduld kann man einige Tage später eine der exotischsten und schmackhaftesten Wildfruchtarten unserer Breiten genießen. Sammeln Sie die Früchte daher ein und lassen Sie sie zu Hause nachreifen, bis sie sich schokoladebraun verfärbt haben.

Verwendung in der Wildfrüchteküche

Speierlinge sind reich an Vitaminen und eignen sich für viele Gerichte.

Wer sich überwindet, die nachgereiften, schokoladebraunen, nun nicht mehr ganz so appetitlich aussehenden Früchte zu kosten, der wird von der cremig-weichen, süßen, aromatischen Frucht überrascht sein, deren Geschmack an Tropenfrüchte erinnert und der mit nichts in der heimischen Pflanzenwelt vergleichbar ist. Speierlinge sind sehr nahrhaft, reich an Vitaminen und eignen sich zum Rohgenuss, als Kompott oder, durch das Passiergerät gedreht, als Mus. Eine besondere Delikatesse ist Obstkäse aus Speierlingen, der zart nach Birnen schmeckt. Die unreifen Früchte, die direkt unter dem Baum gesammelt werden, können wie Mostbirnen süß-sauer eingelegt werden. Speierlinge können auch zu Chutneys verkocht werden, hierfür werden die nur leicht nachgereiften Früchte, die noch grün mit braunem Anflug sind, verwendet.

Beim Nachreifen haben die Speierlinge aufgrund ihres hohen Gerbstoffgehaltes einen sehr großen Vorteil gegenüber anderen Früchten: Sie faulen nicht, auch wenn sie angeschlagen sind.

Der lateinische Name *Sorbus domestica* zeigt, dass der Speierling einst eine Kulturpflanze war, die besonders in Hecken gepflanzt und zur Fruchtreife genutzt wurde. Bereits in der Antike wurden die Früchte dem Most beigefügt und es wurde ein vergorener Wein hergestellt. Im Mittelalter wurde der Speierling in Klostergärten kultiviert und wegen seines hohen Gerbsäuregehaltes hauptsächlich in unreifer Form als Arznei verwendet.

Auch heute noch gibt es Gegenden, wo der grüne Speierling Apfel- und Birnenmost oder auch der Schnapsmaische beigemengt wird, wodurch ein besonderes Aroma entsteht. Die Maingegend ist bekannt für den „Speierlingwein" und in Frankreich wird daraus der „Sorbette" gebrannt.

Unsere Lieblingsrezepte

Speierling-Schmarren

200 g halbierte, vollreife Speierlinge
150 g glattes Vollkornmehl
50 g Rosinen
1 Prise Salz
5 Eier
100 g brauner Zucker
300 ml Milch
1 EL Vanillezucker
70 g Butter

Bereiten Sie aus Milch, Eidottern, Salz, Mehl und dem geschlagenen Eiklar einen Rührteig, der in einer erhitzten und mit Butter befetteten Pfanne etwas angebraten wird.

Dann werden die Speierlingshälften und die Rosinen eingestreut, der Teig gewendet und im vorgeheizten Backrohr bei 200 °C etwa 10 Minuten fertiggebacken.

Reißen Sie den Teig mit zwei Gabeln in mundgerechte Stücke und richten Sie den Speierling-Schmarren mit etwas Zucker und Kompott an.

Den Schmarren mit Staubzucker und Kompott servieren.

Speierling, süss-sauer eingelegt

500 g reife, aber noch grüngelbe Speierlingsbirnen
125 ml Essig
300 ml Wasser
150 g Zucker
Ingwerpulver, Nelkenpulver, Kardamom, Lorbeer und Wacholder nach Geschmack

Aus Wasser, Essig und den Gewürzen wird ein Sud gekocht, in den die halbierten Früchte eingelegt und einige Minuten sanft mitgekocht werden. Dann werden sie vorsichtig in Gläser gefüllt und mit dem heißen Sud übergossen.

Speierlingsmus, süss-sauer

1 kg reife, braune Speierlinge
150 g brauner Zucker
Schale von 1 Limette
5 g fein gehackte Ingwerwurzel
125 ml Essig
1–2 TL Galganth
125 ml Wasser

Alle Zutaten mit Ausnahme der Limettenschale werden 30 Minuten miteinander verkocht, dann mit dem Stabmixer zerkleinert und durch ein Sieb gestrichen, um die Kernchen zu entfernen.

Anschließend wird das Speierlingsmus nochmals aufgekocht, die Limettenschale beigefügt und das Mus heiß in kleine Gläser gefüllt.

Speierlingkäse

500 g braune, vollreife Speierlinge
200 g brauner Zucker
etwas Zimt

Aus den angegebenen Zutaten wird mit etwas Wasser ein Mus gekocht, welches man so lange köcheln lässt, bis es dickflüssig ist. Dann wird es zum Trocknen auf ein Backblech gestrichen und im Backrohr bei leicht geöffneter Türe und 50 °C unter mehrmaligem Wenden getrocknet.

Der entstandene Fruchtkäse wird in mundgerechte Stückchen geschnitten und jedes mit einem Piniennüsschen verziert.

Speierling-Auflauf (ergibt 6 Portionen)

50 g geriebene Haselnüsse
20 g Semmelbrösel
200 g halbierte Speierlinge
geriebene Schale von ½ unbehandelten Zitrone
90 g brauner Zucker
90 g zerlassene Butter
5 Eier
etwas Butter und Mehl für die Form

Die Eidotter werden mit der geriebenen Zitronenschale schaumig gerührt, dann wird der aus Eiklar und Zucker geschlagene Eischnee untergehoben. Abschließend wird die Mischung aus Haselnüssen, Semmelbröseln und zerlassener Butter eingerührt. Die Speierlingshälften werden in einer mit Butter bestrichenen und bemehlten Auflaufform verteilt, darüber wird die Teigmasse gegossen.

Backen Sie den Speierling-Auflauf im vorgeheizten Backrohr im Wasserbad bei 160 °C etwa 60 Minuten und servieren Sie ihn mit Zucker und Zimt bestreut.

Garnieren Sie den Auflauf mit Zucker und Zimt.

Mostbirne und Wildbirne *(Pyrus pyraster)*

Botanische Merkmale und Standort

Dem Apfel nahe verwandt ist die vor urdenklichen Zeiten von Persien nach Europa eingebürgerte Birne. Sie hat längliche, vorne zugespitzte, glänzende Blätter mit einem langen Blattstiel und weißen Blüten mit roten Staubgefäßen, die vor dem Laubaustrieb im April erblühen. Mostbirnenbäume können eine stattliche Höhe von bis zu 30 m erreichen, während Wildbirnen kleiner bleiben. Birnenbäume haben eine prachtvolle orangerote Herbstfärbung. In den Obstbaugebieten Österreichs, Deutschlands und der Schweiz werden Mostbirnen weitläufig angebaut, meist in Mischkultur mit Äpfeln. Da viele dieser Anlagen aufgelassen wurden oder verwildert sind, kann man hier zum Sammeln geeignete Mostbirnenbäume finden. Wildbirnenbäume kommen in Hecken und an lichten Waldrändern vor.

Pflückhinweise und Sammeltipps

Sammeln Sie Fallobst, es ist sicher reif und kann ausgeschnitten oder nur eine Hälfte davon verwendet werden.

Verwendung in der Wildfrüchteküche

Die kugeligen, etwa bis zu 5 cm großen Früchte sind grünlich mit braunen Punkten. Sie sind wegen ihres hohen Gerbstoffgehaltes zum Rohgenuss nicht geeignet, werden aber zur Saft- und Mostherstellung, aber auch zur Schnaps- und Essiggewinnung verwendet.

Mostbirnen sind zum Rohgenuss nicht geeignet.

Mostbirnen, süß-sauer eingelegt, sind eine ganz besondere Delikatesse und krönen Käsespießchen und deftige Brötchen.

Unsere Lieblingsrezepte

Schinken-Käse-Spiesschen mit süss-sauren Mostbirnen

100 g reifer Vorarlberger Bergkäse **70 g Rohschinken**
20 Stück Mostbirnen, süß-sauer eingelegt, S. 150

Schneiden Sie den Käse in 20 Stücke, wickeln Sie aus dem Rohschinken 20 Röllchen und spießen Sie diese in der Reihenfolge (v. u. n. o.) Käse-Rohschinkenröllchen-Mostbirne auf Spießchen. Diese Häppchen passen gut zu Weißwein und Weißbrot oder gebratenen Kartoffelscheiben und haben immer einen Platz auf unseren herbstlichen Buffet-Arrangements.

Mostbirnenkonfekt

1 kg reife Mostbirnen
Saft von 3 Zitronen
1 kg brauner Zucker
500 g aromatische Äpfel
100 g Mandelsplitter

Birnen und Äpfel vierteln bzw. achteln, mit wenig Wasser einkochen und durch ein Sieb streichen oder passieren. Das Fruchtmus wird mit dem Zucker und dem Zitronensaft dick eingekocht, dann werden die Mandeln untergerührt. Nun lässt man die Masse etwas abkühlen, streicht sie anschließend ca. 1 cm dick auf den mit Backpapier belegten Backrost und lässt sie bei 65 °C trocknen. Dabei muss die Masse einmal auf frisches Papier gewendet werden. Das fertige Konfekt wird in mundgerechte Rauten geschnitten.

Mostbirnen-Chutney

800 g entkernte Mostbirnen, in dünne Scheiben von 5 mm geschnitten
20 Wacholderbeeren
2 Zweige Thymian
150 ml Mostessig
250 g Rohrzucker
1 gehackte Chilischote
etwas Nelkenpulver

Alle Zutaten werden miteinander aufgekocht und unter gelegentlichem Rühren 1 Stunde eingekocht. Dann werden die Thymianzweige entfernt, die Masse mit dem Stabmixer püriert, das Chutney abgeschmeckt und kochend heiß in kleine Gläser gefüllt.

Mostbirnen, süss-sauer eingelegt

1,5 kg Mostbirnen, geputzt, entkernt und halbiert
Saft und Schale von 4 unbehandelten Orangen
7 Stangen Zimtrinde
30 g Ingwer, in Scheiben geschnitten
700 g Rohrzucker
500 ml Mostessig
1 l Wasser
1 EL Gewürznelken
½ EL Kardamompulver

Die Früchte müssen zur Gänze mit dem Sud bedeckt sein.

Aus den angegebenen Zutaten, die Birnen ausgenommen, wird ein Gewürzsud hergestellt, in den man die Birnenhälften legt. Diesen Sud samt Birnen lässt man aufkochen und – je nach Reifegrad der Früchte – etwa 5 Minuten köcheln. Die Birnen werden heiß in Gläser gefüllt und mit dem kochenden Gewürzsud übergossen, so dass die Früchte zur Gänze bedeckt sind. Nach einer Reifezeit von mindestens zwei Wochen können die eingelegten Früchte zu Rohschinken, Wild, Fondue, Pasteten, Camembertbrötchen oder Käsespießchen serviert werden.

Tipp: Nach derselben Rezeptur können auch Zwetschken süß-sauer eingelegt werden.

Mostbirnen, süß-sauer eingelegt (rechts) und Zwetschken, nach demselben Rezept zubereitet (links)

Preiselbeere *(Vaccinium vitis-idaea)*

Botanische Merkmale und Standort

Der kleine, etwa 20 cm hohe Strauch hat immergrüne, rundliche, glänzende Blätter, deren Rand etwas nach unten gedreht ist. Die endständigen Blütentrauben erscheinen im Juni und bestehen aus glockigen, rosaweißen Blütchen. Aus ihnen entwickeln sich bis August etwa 0,5 cm große, kugelige, leuchtend rote Früchte mit herb-säuerlichem, leicht bitterem Geschmack. Preiselbeeren bilden dichte Bestände im Unterwuchs trockener Kiefernwälder auf Mooren und Almen.

Pflückhinweise und Sammeltipps

Sammeln Sie die reifen Früchte ab Ende September, je nach Höhenlage, und verzichten Sie dabei auf den Erntekamm, um die immergrünen Pflanzen zu schonen.

Verwendung in der Wildfrüchteküche

Preiselbeeren stellen einen Klassiker in der Wildfrüchteküche dar. Die Früchte, in Zucker eingekocht, sind überaus wohlschmeckend; jede Köchin und jeder Wildliebhaber kennt sie als Beigabe zu Hirsch-, Reh- und Wildschweingerichten, aber auch zu Backhuhn und Wienerschnitzel oder gebackenem Käse. Eine genussvolle Abwechslung zur Preiselbeermarmelade stellen Preiselbeeren, süß-sauer, dar.

Preiselbeersaft und -kompott sind reich an den Vitaminen A, B und C und wurden nach alter Tradition für die vitaminarme Winterzeit konserviert. Preiselbeeren werden auch als Heilmittel bei Appetitlosigkeit und Durchfall eingesetzt, ebenso Preiselbeergeist. Für seine Herstellung werden ¼ kg frische Beeren mit 1 l Schnaps übergossen und 1 Monat ziehen gelassen.

Preiselbeeren sind reich an Vitaminen.

Unsere Lieblingsrezepte

Preiselbeer-Kompott und Preiselbeer-Orangen-Chutney

Beide Rezepte finden Sie im Kapitel „Grundrezepte“, S. 45 und 47.

Preiselbeeren, süss-sauer

600 g Preiselbeeren
100 ml Rotweinessig
300 ml Portwein
200 g Honig

Die angegebenen Zutaten außer dem Honig werden kurz miteinander aufgekocht und 10 Minuten ziehen gelassen. Dann werden die Beeren abgeschöpft und in Gläser gefüllt. Mittlerweile wird der Saft mit dem Honig erhitzt und über die Beeren gegossen. Die Gläser werden sofort verschlossen.

Feine Leberpastete mit Preiselbeeren

300 g faschierter, geselchter Speck
10 EL feingehackte, geröstete Zwiebel
40 g warme Butter
80 g Semmelbrösel
2 g Pfeffer
800 g passierte Leber
3 EL feingehackte Petersilie
abgeriebene Schale von ½ unbehandelten Zitrone
4 Eidotter
20 g Salz
250 g Preiselbeeren

Alle Zutaten werden gut verrührt und bis 3 cm unter den Glasrand in kleine Pastetengläser gefüllt. Die Pastete wird ins kalte Backrohr gestellt und 1,5 Stunden bei 160 °C sterilisiert.

Quitte *(Cydonia oblonga)*

Botanische Merkmale und Standort

Die Quitte gehört wie der Apfel- und der Birnenbaum zu den Rosengewächsen und sieht aus wie eine Mischung aus beiden. Meist wächst die Quitte strauch- oder baumartig mit niedrigem Stamm. Sie hat eine glatte, braune Rinde, apfelbaumähnliche Blätter, deren Unterseiten graufilzig behaart sind, und hellrosa, 5 cm große Blüten, die nach dem Blattaustrieb im Mai erscheinen. Die goldgelben Früchte sind im Oktober reif, je nach Sorte apfel- oder birnenförmig und mit einem abreibbaren, braunen Filz überzogen. Sie duften köstlich fruchtig, schmecken aber herb und müssen gekocht werden.

Die Quitte stammt aus den Wäldern Nordpersiens, von dort kam sie über Griechenland und Italien bis zu uns, wo sie besonders im Weinbauklima hervorragend gedeiht. Aus Gärten und Weinbergen leuchten im Herbst die sonnengelben Früchte.

Pflückhinweise und Sammeltipps

Quitten reifen nach dem Pflücken noch nach.

Orientieren Sie sich bei der Quittensuche auf Weinbergen und in aufgelassenen Gärten am goldgelben Fruchtschmuck, der weithin sichtbar ist. Pflücken Sie die Quitten sorgfältig vom Baum. Sie reifen zu Hause noch nach und verströmen in der Obstschüssel bis zur Verwendung wochenlang ihren fruchtigen Duft. Quitten können bis Dezember nachreifen, wenn sie kühl gelagert werden.

Verwendung in der Wildfrüchteküche

Quitten sind besonders duftende, aromatische Früchte, die sich hervorragend zu Mus, Strudel und Gelees verarbeiten lassen. Das Kerngehäuse und die Kerne der Quitte haben einen sehr hohen Schleim- und Pektingehalt, wodurch ein Einkochen der Früchte ohne Gelierzucker möglich ist. Auch die Volksheilkunde macht sich diese Schleimstoffe zunutze. Gekochte Quitten bzw. deren getrocknete Kerngehäuse, in Wasser gekocht, werden bei Entzündungen des Rachens sowie bei Magen- und Darm-Entzündungen eingesetzt. Quittengelee und -marmelade, aber auch Quittenkäse lassen sich ohne beigefügte Gelierhilfe durch bloßes Mitkochen der Kerngehäuse herstellen, diese werden erst am Schluss entfernt. Auch Zierquitten (*Chaenomeles japonica*) können in der Wildfrüchteküche verarbeitet werden, allerdings sind sie erheblich saurer als Quitten.

Quitten eignen sich für Strudel, Mus, Gelees und Fruchtkäse.

Eines der klassischen Quittenrezepte ist Quittenkäse. Besonders schmackhafte und moderne Varianten sind pikante Quitten-Käse-Spießchen und Quittenkäse im Speckmantel.

Unsere Lieblingsrezepte

Quittenkäse im Speckmantel

150 g flacher Quittenkäse, S. 155
40 Scheiben Frühstücksspeck, dünn geschnitten
20 halbierte Zahnstocher zum Zusammenstecken
etwas Butter zum Braten

Schneiden Sie den Quittenkäse in mundgerechte Stücke, von denen jedes in eine Scheibe Frühstücksspeck gewickelt wird. Anschließend werden die gefüllten Speckrollen mit einem Zahnstocher fixiert. Die Röllchen werden in der heißen Butter knusprigbraun gebraten und heiß mit frischem Brot und ein Glas Rotwein serviert.

Servieren Sie den Quittenkäse im Speckmantel mit Weißbrot und Rotwein.

Honigquitten

1 mittelgroße Quitte
50 g flüssiger Honig

Die Quitte wird halbiert, das Kerngehäuse entfernt und die Frucht in ca. 3 mm dicke Spalten geschnitten. In einer großen Pfanne wird der Honig erhitzt und die Quittenspalten darin bei kleiner Hitze gebraten, bis sie weich sind.

Servieren Sie die warmen Honigquitten zu Kaiserschmarren, Mohnnudeln oder Topfenstrudel.

Quittenkäse-Schafkäse-Spießchen und Schinken-Käse-Spießchen mit süß-sauren Mostbirnen (S. 149)

Quittenkäse

2 kg Quitten
etwas Wasser
2 kg brauner Zucker

Die gewaschenen, vom Filz befreiten, zerkleinerten Quitten werden in etwas Wasser weich gekocht und dann durch die „Flotte Lotte" passiert. Anschließend wird das Mus mit der gleichen Menge braunem Zucker so lange bei schwacher Hitze gekocht, bis es klumpig vom Löffel fällt. Das Mus verfärbt sich dabei von Rot nach Dunkelrot. Nun wird die Masse etwa 1 cm dick auf ein befettetes Blech aufgetragen und bei 50 °C im Backrohr bei leicht geöffneter Türe getrocknet. Während des Trockenvorganges sollte es einmal gewendet werden. Der getrocknete Quittenkäse wird in kleine Würfel geschnitten. Er kann naturbelassen als Leckerei verspeist, aber auch zu pikanten Quitten-Käse-Spießchen oder deftigem Quittenkäse im Speckmantel verarbeitet werden.

Kann süß oder pikant genossen werden.

Quittenkäse-Schafkäse-Spiesschen

150 g flacher Quittenkäse
150 g halbfester Schaffrischkäse (nicht bröselig)
25 Orangenminze- oder Basilikumblätter

Der Quittenkäse und der Schafkäse werden in mundgerechte Stücke geschnitten und so auf Zahnstochern fixiert, dass der Quittenkäse zu unterst, dann der Schafkäse, dann ein Kräuterblatt und zuoberst ein Quittenkäse stecken. Serviert werden die Quittenkäse-Schafkäse-Spießchen mit Weißwein und frischem Weißbrot.

Quitten-Most-Chutney

1 kg Quitten
200 g Zucker
1 Schuss Essig
1 Prise Salz
400 ml Apfel- oder Birnenmost
150 g Zwiebeln
$^1/_3$ von einer Chilischote
Ingwer, Kreuzkümmel, Gewürznelken und Wacholder nach Geschmack

Die vom Kerngehäuse und von den Kernen befreiten Quitten werden in Spalten geschnitten und mit dem Most und dem Zucker bissfest gekocht; dann wird die Hälfte der Früchte entnommen und beiseite gestellt; die im Topf verbliebene Hälfte wird mit den Zwiebelscheiben, dem gehackten Chili, dem Salz und den Gewürzen ca. 1 Stunde unter Rühren weich gekocht. Danach wird die Mischung mit einem Stabmixer püriert, ein

Schuss Essig hinzugegeben und die beiseite gelegten Quittenspalten wieder hinzugefügt. Nun wird das Chutney noch einmal aufgekocht und heiß abgefüllt.

Das Chutney passt zu Fleisch, aber auch zu Wild.

Es passt gut zu Fleischspeisen, besonders zu Wild und Fleischfondue, zu Rohschinken, Erdäpfelpüree und geräuchertem Fisch.

Süsser Rotkrautstrudel mit Quitten und Walnüssen

(ergibt 20 Stück)

750 g Blätterteig, vom Bäcker oder selbst gemacht

Rotkrautfülle:

600 g Rotkraut, in dünne Streifen geschnitten
Schale und Saft von 2 unbehandelten Orangen
Gewürznelkenpulver und gehackter Ingwer nach Geschmack
150 g Quitten, in Scheiben geschnitten
30 g Butter
150 g brauner Zucker
2 Eier

Walnussfülle:

250 g Walnüsse
50 g Honig
125 ml Schlagobers
15 Walnusshälften zum Belegen

Für die Rotkrautfülle wird der Zucker in der heißen Butter karamellisiert und mit dem Orangensaft abgelöscht. Darin werden nun das Rotkraut und die Quitten weich gedünstet. Lassen Sie die Mischung abkühlen und rühren Sie dann die Gewürze und die Eier unter.

Für die Nussfülle werden Honig und Obers dick eingekocht, dann werden die Nüsse daruntergemischt. Bestreichen Sie nun den ausgerollten Teig mit der Nussfülle so, dass zwei unterschiedlich breite Streifen in Längsrichtung verbleiben. Klappen Sie dann den weniger breiten Streifen über die Nussfülle und verteilen Sie darauf die Rotkrautfülle, so dass der noch verbliebene Teigstreifen darübergeklappt werden kann.

Wenden Sie nun den Strudel beim Heben auf das befettete Backblech so, dass er auf der Naht zu liegen kommt, bestreichen Sie ihn dann mit dem verquirlten Ei und belegen Sie ihn mit den Walnusshälften. Der Süße Rotkrautstrudel wird bei 170 °C im vorgeheizten Backrohr etwa 50 Minuten gebacken, bis er goldbraun ist. Dann wird er heiß serviert.

Kürbis-Weintrauben-Quitten-Strudel (ergibt 20 Stück)

750 g Blätterteig, vom Bäcker oder selbst gemacht
30 g Butter
200 g Quitten, in Scheiben geschnitten
geriebene Schale von 1 unbehandelten Orange
Zimt und Orangenminze nach Geschmack
300 g gewürfelter Kürbis
250 g kernlose Weintrauben
100 g brauner Zucker
etwas Kardamompulver
Kürbiskerne zum Bestreuen
1 Ei zum Bestreichen

Die fertigen Strudelteigstücke werden auf einem Tuch ausgerollt bzw. der selbstgemachte Teig wird in zwei Hälften geteilt und auf einem bemehlten Tuch ebenso ausgerollt. Dann werden der Kürbis, die Butter, die Trauben, die Quittenscheiben und der Zucker mit den Gewürzen vermischt und die Masse als Streifen in der Mitte des Strudelteiges verteilt. Anschließend werden die seitlichen Teigstreifen gut überlappend übereinandergeklappt und der Strudel mit Schwung so auf einem Backblech gewendet, dass die „Nahtstelle“ unter dem Strudel liegt. Die beiden fertigen Strudel werden daraufhin mit dem verquirlten Ei bestrichen und mit den Kürbiskernen bestreut. Anschließend werden sie im vorgeheizten Backrohr bei 170 °C ca. 50 Minuten gebacken.

Schneiden Sie den fertig gebackenen Kürbis-Weintrauben-Quitten-Strudel mit einem Messer mit Wellenschliff in Stücke und servieren Sie ihn warm.

Servieren Sie den Strudel warm.

Tipp: Diesen herbstlichen Strudel sollten Sie auf alle Fälle einmal ausprobieren, da er nämlich eine Fülle von Aromen vereint, die sich perfekt ergänzen: nussigen Kürbis, süß-saftige Weintrauben und duftige Quitten. Für Buffets können Sie mit denselben Zutaten auch Tascherln herstellen.

Schlehentörtchen, S. 163

Oktober

Hier finden Sie:
Walnuss, reif
Schlehdorn
Berberitze
Mispel, Asperl
Rotbuche, Bucheckern

Walnuss, reif *(Juglans regia)*

Botanische Merkmale und Standort

Diese sind im Kapitel „Walnuss, grün“, S. 74, nachzulesen.

Pflückhinweise und Sammeltipps

Die reifen Nüsse fallen ab September je nach Wetterlage mehr oder weniger schnell vom Baum. Ziehen Sie beim Sammeln Handschuhe an und legen Sie die gesammelten Nüsse zum Trocknen entweder unverzüglich in die Sonne oder in einen warmen Raum. Die Nüsse müssen öfters gewendet werden, damit sie nicht schimmeln.

Verwendung in der Wildfrüchteküche

Schon in der Steinzeit wurde der aus Asien stammende Walnussbaum für die Ernährung genutzt, wobei vorwiegend die reifen Früchte gesammelt wurden. Walnüsse sind sehr fettreich und enthalten viele ungesättigte Fettsäuren und Mineralstoffe.

Unsere Lieblingsrezepte

Kandierte Walnüsse

100 g Walnüsse, in Hälften
abgeriebene Schale von
1 unbehandelten Orange
220 g Zucker
150 ml Orangensaft
etwas Zimt

Die Walnusshälften werden im Backrohr bei 180 °C 15 Minuten geröstet. In der Zwischenzeit kann der Zuckersirup hergestellt werden, indem man den Zucker in Wasser und Orangensaft kocht, bis er kleine Ballen bildet. Um dies zu erproben, taucht man einen Löffel des kochenden Sirups in eiskaltes Wasser, der Sirup sollte dann einen weichen Ballen bilden. Nun wird die Siruplösung mit den Nüssen und den Gewürzen vermengt und die Masse gut umgerührt. Dann wird die Mischung auf einem Teller oder Backblech verteilt. Die Nusshälften müssen vor dem Auskühlen und Trocknen voneinander getrennt werden.

Die Nusshälften müssen noch vor dem Auskühlen voneinander getrennt werden.

Honigwalnüsse

Dieses Rezept finden Sie im Kapitel „Grundrezepte", S. 34.

Walnusstorte (ergibt 14 Stück)

Teig:

80 g geriebene Walnüsse
150 g Mehl
4 EL Öl
Schale von 1 unbehandelten Zitrone
6 Eier
150 g brauner Zucker
1 Prise Salz
Butter und Mehl zum Vorbereiten der Backform

Fülle:

200 ml Milch
20 g Vanillepuddingpulver
50 g geriebene Walnüsse
4 EL Walnusslikör
100 g Zucker
1 TL Vanillezucker
125 ml Schlagobers
400 g Marillenmarmelade

Zum Verzieren:

250 ml Schlagobers
14 Walnusshälften
100 g geriebene Walnüsse

Heizen Sie das Backrohr auf 180 °C vor. Währenddessen werden die von den Dottern getrennten Eiklar zu Schnee geschlagen und die Hälfte des Zuckers wird daruntergeschlagen, die andere Hälfte wird mit den Dottern schaumig gerührt. Dann werden die restlichen Zutaten in die Dottermasse eingerührt und zum Schluss wird der Eischnee untergehoben. Der Tortenboden wird ca. 50 Minuten gebacken und dann zum Abkühlen beiseite gestellt.

Für die Fülle wird das Puddingpulver in Milch und Zucker unter ständigem Rühren aufgekocht und eine Minute gerührt, bis die Masse dickflüssig ist. Die Puddingmasse muss beim Auskühlen immer wieder durchgerührt werden. Nun werden der Vanillezucker und die geriebenen Nüsse dazugegeben und das steifgeschlagene Obers untergehoben. Die zwei Mal horizontal durchgeschnittene Torte wird mit dem Walnusslikör beträufelt, mit der Marmelade bestrichen und mit der Vanillecreme gefüllt. Danach wird die gefüllte Torte rundherum mit dem Schlagobers bestrichen und mit den geriebenen Walnüssen bestreut. Zum Schluss wird sie mit den Walnusshälften verziert.

Schlehdorn *(Prunus spinosa)*

Botanische Merkmale und Standort

Die Schlehe ist ein kleinwüchsiger Strauch von etwa 3 m Höhe, dessen Seitenzweige mit spitzen Dornen besetzt sind. Ihre Rinde ist silbergrau, ihre elliptischen, etwa 3 cm großen Blättchen haben kurze Stiele und sind am Rand gezähnt. Die weißen, kleinen, etwa 1 cm großen Blüten erscheinen vor dem Laubaustrieb im März und hüllen den Strauch in eine weiße Blütenwolke mit angenehmem Duft. Die Früchte des Schlehdorns sind etwa 1 cm große, kugelige, blau bereifte Steinfrüchte, die an runde Zwetschken erinnern. Dies ist gar nicht so falsch, gilt die Schlehe doch als Urform der Zwetschke.

An Waldrändern, auf Heiden und Weiden kommen Schlehen in großen Gruppen vor, sie werden auch in Hecken und Grünstreifen gepflanzt.

Pflückhinweise und Sammeltipps

Sammeln Sie die reifen Früchte, sobald sie blau sind und etwas weich am Strauch hängen, denn nach dem ersten Frost ist oft nicht mehr viel vom Fruchtbehang zu finden. Legen Sie die Früchte einige Tage in die Tiefkühltruhe, falls Sie die Herbheit ihres Aromas mildern möchten (mir scheint dies allerdings nicht nötig).

Verwendung in der Wildfrüchteküche

Die Schlehen gehören ebenso zu jenen Früchten, die bereits zur Zeit der Pfahlbauten von unseren Vorfahren verarbeitet, gelagert und verspeist wurden. Schlehenfrüchte schmecken herb und „zusammenziehend", was sich nach dem ersten Frost zwar etwas mildert, die Früchte zum Rohgenuss jedoch nicht mild genug macht. Ihr Aroma ist allerdings herrlich für Liköre und Marmeladen geeignet. Schlehen sind nicht nur sehr aromatisch, sie ergeben auch ein sehr farbenfrohes, violettes Mus, mit dem man Marzipan, Topfencreme u. a. färben kann.

Das Schlehen-Aroma kommt in Likör und Marmelade besonders zur Geltung.

In der Volksheilkunde wird dieses Mus insbesondere für Kinder mit unregelmäßigem Stuhlgang empfohlen, da der aus Schlehen gepresste Saft zur Kühlung bei hitzigem Magen dienen soll. Wegen seines wirklich delikaten Aromas besonders erwähnenswert ist der Schlehenlikör, aber auch die Früchte – süß-sauer eingelegt – ergeben eine vorzügliche Beilage zu Raclette, Käsefondue und Fleisch.

Unsere Lieblingsrezepte

Schlehen-Zimt-Parfait

2 Eier
60 g Zucker
120 ml Schlagobers
2 EL Schlehenlikör
1 Dotter
200 g Schlehenpüree
Zimt nach Geschmack

Eier, Dotter und Zucker werden in einer Schüssel über Dampf schaumig geschlagen. Diese Masse wird so lange weitergeschlagen, bis sie abgekühlt ist. Danach werden das Schlehenpüree, der Zimt und der Likör beigefügt und das geschlagene Obers untergehoben. Die Masse wird nun in eine gekühlte Kastenform gefüllt und etwa 4 Stunden tiefgekühlt. Zum Herausstürzen wird sie kurz in heißes Wasser getaucht. Das Parfait wird mit einem in heißes Wasser getauchten Messer in Portionen geschnitten und mit heißen Vanillezwetschken (Rezept siehe Kapitel „Zwetschke", S. 137) oder mit einer Schlehensauce serviert.

Das Parfait mit einem in heißes Wasser getauchten Messer schneiden.

Schlehen-Birnen-Mousse mit Rotweinbirnen

12 Birnenhälften
100 g brauner Zucker
6 Gewürznelken
etwas Zimtrinde
200 ml Schlagobers
500 ml Rotwein
1 Orange und 1 Zitrone, unbehandelt
200 g Schlehen-Orangen-Püree
6 Blatt Gelatine

Die Zitrusfruchthälften werden mit den Gewürzen und dem Zucker im Rotwein aufgekocht, dann werden die geschälten Birnenhälften eingelegt und einige Minuten vorsichtig gar gekocht. Danach werden diese aus dem Sud gehoben und zum Abtropfen auf einen Teller gelegt. Der Rotweinsirup wird weiter eingekocht, bis er Sirup-Konsistenz hat. Dann werden 6 Birnenhälften, die Hälfte des Rotweinsirups und das Schlehenpüree, S. 164, mit dem Stabmixer püriert. Die zuvor eingeweichte Gelatine wird in etwas warmem Wasser aufgelöst und unter die Masse gerührt. Zum Schluss wird das steifgeschlagene Obers vorsichtig untergehoben, die Masse in eine große Schüssel gefüllt und 2 Stunden kaltgestellt.

Die Masse muss zwei Stunden kaltgestellt rasten.

Stechen Sie aus dem festen Schlehen-Birnen-Mousse Nockerln aus, die Sie mit den verbliebenen, zimmerwarmen Birnenhälften und dem erwärmten Rotweinsirup anrichten.

Schlehentörtchen

Mürbteig:

250 g Mehl
65 g brauner Zucker
1 Prise Salz
1 Ei
125 g Butter
bei süßer Befüllung die abgeriebene Schale von ½ unbehandelten Zitrone

Fülle:

250 g Schlehen-Orangen-Püree
kleine, blaue Weintrauben
100 g brauner Zucker
250 ml Schlagobers
100 g Joghurt
abgeriebene Schale von 1 Limette
5 Blatt Gelatine (7 Blatt für die große Tortenform, damit die Masse schnittfest wird)
einige Minzeblätter zum Dekorieren

Eine Tortenform oder 30 kleine Mürbteigförmchen werden mit Mürbteig (aus dem Kapitel „Grundrezepte", S. 38) ausgekleidet und gebacken

Die Gelatineblätter werden in kaltem Wasser eingeweicht. In der Zwischenzeit wird das Schlagobers steif geschlagen und die restlichen, miteinander verrührten Zutaten unter das Schlagobers gehoben. Die eingeweichten Gelatineblätter werden in wenig Wasser erwärmt, bis sie sich aufgelöst haben, und vorsichtig unter die Schlehenmasse gerührt, die sofort in die Mürbteigförmchen gefüllt werden muss. Nun stellt man die gefüllten Mürbteigtörtchen etwa zwei Stunden oder über Nacht kühl, damit sie fest werden, und dekoriert sie vor dem Servieren mit blauen Minitrauben und Minzeblättern.

Die Törtchen sollten mindestens zwei Stunden kühlgestellt werden.

Schlehen-Topfen-Kuchen

Mürbteig:

250 g glattes Mehl
110 g Butter
1 EL Vanillezucker
1 Prise Salz
100 g Staubzucker
1 Ei
Schale von 1 unbehandelten Zitrone

Topfenmasse:

750 g Topfen, 25 % Fett
100 g brauner Zucker
60 g Stärkemehl
250 g Schlehen-Orangen-Püree
1 Prise Salz
Weißmohn zum Bestreuen
120 g Staubzucker oder feiner, brauner Zucker
8 Eier
abgeriebene Schale von 1 unbehandelten Orange

Alle Mürbteigzutaten werden rasch zu einem glatten Mürbteig verknetet, der 45 Minuten im Kühlschrank rasten sollte. Dann wird eine Teigform mit dem ausgewalkten Teig ausgelegt, wobei die Teigenden gut zusammengedrückt werden müssen. Der Innenrand der Form sollte vorher mit Wasser bestrichen werden.

Für die Topfenmasse werden Staubzucker und Stärkemehl gut verrührt, dann wird diese Mischung mit dem Topfen, den Eidottern, dem Schlehen-Orangen-Püree, S. 164, und der frisch geriebenen Orangenschale verrührt. Danach werden die Eiklar mit dem Zucker und der Prise Salz zu steifem Schnee geschlagen, der vorsichtig unter die Topfenmasse

gehoben wird. Die Masse wird in die Tortenform gefüllt, mit Weißmohn bestreut und bei maximal 160 °C im vorgeheizten Backrohr 70 Minuten gebacken.

Für die „Foto-Variante" wird die Topfenmasse in 2 Hälften geteilt: Die weiße Hälfte besteht nur aus 500 g Topfen und der Hälfte der oben angegebenen Zutaten ohne Schlehen-Orangen-Püree, die blaue Hälfte besteht aus 250 g Topfen und der Hälfte der oben angegebenen Zutaten mit 250 g Schlehen-Orangen-Püree.

Die weiße Masse wird auf den Mürbteigboden gestrichen und 30 Minuten gebacken, bis sie oben leicht bräunt, dann wird die blaue Masse darauf verteilt, mit Weißmohn bestreut und das Ganze noch 1 Stunde fertig gebacken.

Schlehen-Orangen-Püree

1 kg Schlehdornfrüchte
Saft und Schale von 3 unbehandelten Orangen
800 g brauner Zucker
Zimt und Gewürznelken nach Geschmack

Die ganzen Schlehen werden im Orangensaft aufgekocht und anschließend passiert. Dann schält man die Orangen dünn ab und schneidet die Schale in dünne Streifen.

Das Fruchtmark wird nun mit den Orangenschalenstückchen und dem Zucker auf niedriger Temperatur in einer großen Pfanne bis zur Dickflüssigkeit eingekocht und dann abgefüllt.

Das Püree schmeckt süß und pikant.

Schlehen-Orangen-Püree ist sehr herb und intensiv im Geschmack. Es kann dünn auf einem mit Butter bestrichenen Milchbrot oder in Crêpes serviert werden.

Auch zur Aromatisierung von Konfekt und süß-pikanten Cremes, die zu Fleisch, Pasteten und rohem Lachs serviert werden, eignet es sich vorzüglich.

Schlehensauce

250 g Schlehenpüree
125 ml Schlagobers
etwas Zimt und Nelkenpulver
125 ml Sauerrahm
50 g Zucker

Verrühren Sie das Schlehenpüree mit dem Sauerrahm, dem Zucker und den Gewürzen und heben Sie das geschlagene Schlagobers vorsichtig unter.
Tipp: Schlehensauce passt gut zu Apfelstrudel und Asperlstrudel (Rezept, siehe S. 172).

Schlehen-Marzipan-Konfekt

200 g Rohmarzipan
30 Stück verzuckerte, weiße Fliederblüten
abgeriebene Schale von 1 unbehandelten Limette oder Orange
40 g Schlehenmarmelade
20 g Holundermarmelade zum Färben
30 g weiße Kuvertüre

Verkneten Sie das Rohmarzipan mit der Schlehen- und Holundermarmelade sowie der abgeriebenen Limettenschale, dann formen Sie daraus 30 Kugeln, die Sie eng aneinander auf einen Teller legen. Die Kuvertüre wird inzwischen im Wasserbad erwärmt und in dünnen, parallelen Linien über die Kugeln gegossen. Anschließend werden die Konfektkugeln mit den Fliederblüten belegt, und zwar, solange die Schokolade noch feucht ist.

Das Marzipan wird von der Marmelade dunkel gefärbt.

Feiner Schlehenlikör

500 g Schlehdornfrüchte
1 l Rotwein
1 Stück Zimtrinde
1 l Wodka oder Hausschnaps (38 Vol.-%)
500 ml Wasser
7 Gewürznelken
1 Pkg. Vanillezucker
60 ml Rum
300 g brauner Zucker

Ein Viertel der Schlehen wird mit dem Mörser zerstoßen, so dass die Kerne zerdrückt sind, da diese dem Likör das Bittermandelaroma verleihen. Der Rest der Früchte wird so zerdrückt, dass die Kerne ganz bleiben.

Die Schlehen werden im Wasser einige Minuten aufgekocht und zum Abkühlen beiseite gestellt. Dann übergießt man sie mit dem Rotwein und lässt den Ansatz 5 Tage im Kühlschrank ziehen, ehe man die Mischung abseiht.

Der Ansatz muss 5 Tage im Kühlschrank ziehen.

Die gefilterte Flüssigkeit wird nun mit den Gewürzen und dem Zucker aufgekocht, die Gewürze werden nach 1 Minute herausgenommen und der Ansatz noch 5 Minuten weitergekocht. Zuletzt kommt der Vanillezucker dazu.

Nach dem Abkühlen werden noch Wodka oder Schnaps und Rum beigefügt. Der fertige Likör wird in Flaschen gefüllt und kühl gelagert.

Berberitze *(Berberis vulgaris)*

Botanische Merkmale und Standort

Die Zweige der Berberitze sind in der Jugend rutenförmig und rötlich gefärbt, später verholzen sie und haben eine schmutzig-graue Rinde. Der Strauch wird meist etwa 1,5 m hoch, wobei ich auch schon ein Prachtexemplar mit 4 m Höhe gesehen habe.

Bei den rundlichen, etwa 2 cm langen Blättchen stehen dreiteilige Dornen ab, dort sitzen im Mai auch die herabhängenden gelben, stark duftenden Blütentrauben. Aus ihnen entwickeln sich bis zum Herbst leuchtend rote, länglich-ovale, bis 0,8 cm lange Früchte mit Kern. Die reifen Beeren schmecken je nach Berberitzensorte unterschiedlich sauer und leicht bitter.

Die Berberitze stammt aus Nordafrika – dem Land der Berber – und gelangte von dort über Spanien zu uns. Sie gedeiht häufig an sonnigen Hängen und in lichten Wäldern alpiner Zonen. Auch als Zierpflanze wird sie gerne in Parks und Hecken verwendet.

Pflückhinweise und Sammeltipps

Das Ernten der Berberitzenfrüchte ist relativ mühsam, da die spitzen Dornen überall dort sind, wo auch Früchte hängen.

Nehmen Sie sich daher viel Zeit und versuchen Sie, möglichst geschickt zu sein!

Verwendung in der Wildfrüchteküche

Entfernen Sie die Samen, da sie bitter schmecken.

Aus den Früchten können kalt gerührte Marmeladen, Gelees und ein kalt angesetzter Sirup hergestellt werden.

Die Samen sollten entfernt werden, da sie ein bitteres Aroma entfalten. Auch Essig und Süßmost lassen sich mit Berberitzen aromatisieren und vor allem knallrot färben.

In Persien und auch in Frankreich werden kernlose Berberitzen kultiviert, die getrocknet zu Fleischspeisen und Saucen gegeben werden. In Frankreich wird aus ihnen eine Marmelade zubereitet.

In der Volksheilkunde wird der frische Saft oder der mit Zucker hergestellte Sirup bei Skorbut, Lungen-, Leber- und Darmerkrankungen eingesetzt. Der frische Saft kann auch zum Gurgeln verwendet werden, er stärkt das Zahnfleisch und festigt wackelige Zähne.

Unsere Lieblingsrezepte

Berberitzengelee

500 g Berberitzen
etwas Wasser oder Orangensaft
300 g Gelierzucker

Alle Zutaten werden miteinander aufgekocht, passiert, die Kerne entfernt und die Masse so lange eingekocht, bis die Gelierprobe gelingt. Kurz vor dem Abfüllen kann dem Gelee noch etwas geriebene Orangenschale hinzugefügt werden.

Berberitzengelee ist fast zu schade, um weiterverkocht zu werden. Servieren Sie es zu kaltem Fleisch, Fleischfondue und Pasteten.

Passt zu Fleisch und Pasteten.

Berberitzenhonig auf Polentaflammeri

Berberitzenhonig:

150 g Honig
200 g Berberitzen

Polentaflammeri:

250 ml Milch
40 g Polenta
Schale von
½ unbehandelten Zitrone
8 Puddingförmchen
oder eine große Form
30 g brauner Zucker
1 Prise Salz
2 Blatt Gelatine
200 ml Schlagobers
Butter und Zucker
für die Förmchen

Der Honig wird leicht erhitzt, nun werden die Berberitzen beigefügt und einige Minuten ziehen gelassen, bevor die Mischung lauwarm auf Grießpudding, Grießbrei oder Polentaflammeri verteilt wird.

In die kochende Milch werden der Zucker und die Polenta eingerührt und kurz auf kleiner Flamme unter ständigem Rühren quellen gelassen, dann wird mit Salz und Zitronenschale abgeschmeckt. Die in der Zwischenzeit eingeweichte Gelatine wird in etwas Wasser aufgelöst und in die warme Masse eingerührt. Danach lässt man das Ganze etwas abkühlen und hebt das halbsteif geschlagene Obers unter. Nun füllt man das Flammeri in die mit Butter ausgestrichenen und mit Zucker bestreuten Förmchen und stellt sie kalt. Vor dem Stürzen taucht man die Förmchen kurz in heißes Wasser.

Vorsichtig: Wenn der Honig zu heiß ist, platzen die Berberitzen und spritzen in alle Richtungen!

Birnenkompott mit getrockneten Berberitzen

250 g Birnen
500 ml Wasser
50 g brauner Zucker
etwas frischen Ingwer, in Scheiben geschnitten
etwas Gewürznelken, Anis und unbehandelte Orangen- und Grapefruitschalen nach Geschmack
2 EL getrocknete oder frische Berberitzen

Alle Zutaten werden kurz aufgekocht, die geputzten Birnenhälften beigefügt und im Gewürzsud bissfest gekocht. Lassen Sie das Kompott mindestens 30 Minuten ziehen, ehe Sie die Gewürze entnehmen und das Kompott servieren.

Mispel, Asperl *(Mespulus germanica)*

Botanische Merkmale und Standort

Die Mispel gehört wie Apfel, Birne und Quitte zu den Rosengewächsen. Mispeln sind sommergrüne, 3–6 m hohe Kleinbäume mit äußerst dekorativem Habitus, ihre etwa 12 cm langen, länglichen Blätter sind auf der Unterseite auffällig weiß-filzig behaart. Die Mispel trägt im Mai weiße Blüten an den Triebenden. Sie hat kleine, etwa 4–7 cm große, kugelige, rostbraune Früchte mit deutlich ausgeprägten Kelchzipfeln, die wie kleine Äpfel oder Birnen aussehen und wie diese mehrere Kerne enthalten. Bis zum Eintreten der ersten Fröste sind die Mispeln steinhart, dann werden sie weich und teigig. Die Wildform trägt an den Zweigspitzen glänzende Dornen.

Mispeln sind anspruchslose, sehr dekorative Kleinbäume mit hübscher Kronenform. Sie werden jedoch nicht mehr häufig gepflanzt. Dies ist sehr schade, denn die Mispel ist eine sehr alte Kulturpflanze, die schon in der Antike kultiviert und von den Römern nach Mitteleuropa gebracht wurde.

Birnenkompott mit getrockneten Berberitzen

Die Wildform kommt an sonnigen Waldrändern und besonders an wärmebegünstigten Stellen vor und ist besonders auf Weinbergen und in alten Obstgärten zu finden, wo sie früher gerne genutzt wurde. Hier begegnet man auch oft der Kulturform, die sich durch größere Früchte auszeichnet.

Pflückhinweise und Sammeltipps

Zwar wird empfohlen, die Früchte erst nach den ersten Frösten zu ernten, dies kann sich jedoch nur jener Glückliche leisten, der die Bäume im eigenen Garten hat. Erfahrungsgemäß sind sonst immer andere Sammler schneller. Sie können die Früchte aber bereits vor dem ersten Frost ernten und sie etwa 3 Wochen lagern, damit sie weich und essbar werden.

Nach dem Ernten noch 3 Wochen lagern.

Verwendung in der Wildfrüchteküche

Die Früchte, die im Spätherbst geerntet werden, haben anfangs einen herben Geschmack und sind steinhart. Nach einigen Wochen Lagerung im Keller erhalten sie ein angenehm süß-mildes Aroma und werden schokoladebraun; sie können dann auch roh gegessen werden. Bei längerer Lagerung vollzieht sich ein Gärprozess, der apfelartige Duft und auch der süß-säuerliche Geschmack werden stärker und das Fruchtfleisch wird weich. Besonders Gelee und Marmelade, aber auch Saft und Likör werden traditionell aus Mispeln hergestellt. Auch zu Fruchtmus und Kompott lassen sie sich verarbeiten. Früher wurden die ganzen Früchte auch in Honig kandiert.

Eine Delikatesse stellen die eingelegten Asperln dar, die süß-sauer in Essig gelegt und wie Williamsbirnenhälften zu Wildgerichten serviert werden.

In der Volksheilkunde wurde die Mispel wegen ihrer „zusammenziehenden“ und kräftigenden Wirkung bei Durchfällen und Verdauungsstörungen verwendet. In den letzten Jahren wird sie auch wieder häufiger auf Märkten und in Bioläden angeboten. Im Mittelmeerraum gehört sie zum Standardsortiment.

Die Mispel hilft bei Durchfall und Verdauungsstörungen.

Unsere Lieblingsrezepte

Asperlmus

500 g Asperln
250 g brauner Zucker
Zimt nach Geschmack

Die Asperln werden mit dem Zucker und etwas Wasser weich gekocht, durch ein Sieb oder die „Flotte Lotte“ passiert, um die Kerne zu entfernen, nochmals aufgekocht und schließlich mit Zimt abgeschmeckt. Füllen Sie das heiße Mus in Gläser, die sofort verschlossen werden.

Asperlstrudel mit Schlehensauce (ergibt 10 Stück)

Strudelblätter für 1 Strudel
250 g Semmelbrösel
125 ml Sauerrahm
3 Eier
Schale von ½ unbehandelten Zitrone
Kürbiskerne
300 g Asperlmus
50 g Butter
100 g brauner Zucker
etwas Zimt und Nelkenpulver
Butter zum Bestreichen der Strudelblätter
1 Ei zum Bestreichen

Das Asperlmus wird mit Sauerrahm, Dottern, den Gewürzen und 50 g Zucker verrührt, die Eiklar werden mit dem restlichen Zucker zu Schnee geschlagen und unter die Masse gehoben. Dann werden die Brösel in der zerlassenen Butter hellbraun angeröstet und anschließend abkühlen gelassen. Nun legt man die Strudelblätter auf ein feuchtes Tuch und bestreicht sie mit der zerlassenen Butter. Danach werden zuerst die Brösel darauf verteilt, dann wird die Asperlfüllung darübergestrichen, schließlich wird der Teig eingerollt und die Enden eingeschlagen. Der mit dem verquirlten Ei bestrichene Strudel wird mit Kürbiskernen bestreut und im vorgeheizten Backrohr bei 180 °C etwa 50 Minuten gebacken, bis er goldbraun ist.

Der Asperlstrudel wird in 10 Stücke geteilt und mit der Schlehensauce serviert (siehe Kapitel „Schlehdorn“, S. 162).

Asperln, süss-sauer eingelegt

Legen Sie die Asperln nach dem Grundrezept „Süß-sauer Einlegen“, S. 37, ein.

Rotbuche, Bucheckern *(Fagus sylvatica)*

Botanische Merkmale und Standort

Die Rotbuche gehört mit ihrer silbrig-grauen, glatten Rinde und den hellgrünen, ganzrandigen, weich behaarten Blättern zu den stattlichsten Bäumen des Waldes. Im September und Oktober trägt sie braune, holzige, dreikantige Nüsschen, die zu dritt oder zu viert in einem holzartigen, vierzipfeligen Hütchen, das mit struppigen Stacheln bewachsen ist, sitzen. Je nach Erntejahr findet man einmal nur einzelne, dann wieder Unmengen flächendeckend über den ganzen Waldboden verstreut. Rotbuchen sind in vielen Laubwäldern und Laubmischwäldern bestandsbildend, als Parkbaum wird vor allem die rotlaubige Buche (Blutbuche) verwendet.

Pflückhinweise und Sammeltipps

Die ersten Bucheckerln, die herunterfallen, sind meistens die schlechten, wurmigen und tauben. Die reifen und gesunden Nüsschen fallen erst später, an schönen und trockenen Herbsttagen, vom Baum.

Früher, als die Bucheckerln in großen Mengen gesammelt wurden, fiel die Bucheckerl-Ernte mit dem Laubfall zusammen. Das Laub wurde zur Einstreu im Stall und als Winterfutter gesammelt und danach wurden auf dem nun laubfreien Boden Tücher aufgelegt, in die die Bucheckerln fielen, wenn man auf den Baum kletterte und mit Stangen an die Äste schlug. Dasselbe Ernteverfahren wird übrigens noch immer bei der Olivenernte angewandt.

Die Bucheckern wurden zu Hause getrocknet, geräuchert und in luftigen Säcken aufbewahrt. Wenn die Schale der Nüsschen braun wird, dann sind sie trocken und haltbar.

Wenn die Schale braun wird, sind die Nüsschen trocken und haltbar.

Nicht nur Bucheckerl-Früchte, sondern auch Bucheckerl-Hütchen und -Blätter werden von uns in rauen Mengen zum Kochen oder Basteln gesammelt. Sammeln Sie unter den Bäumen einfach so viele, wie Sie benötigen, und legen Sie das Sammelgut zu Hause zum Trocknen auf, da es sonst schimmelt.

Verwendung in der Wildfrüchteküche

Die Menschen lernten im Laufe der Zeit, dass Bucheckern Stoffe enthalten, die schlecht verträglich sind, vor allem Blausäure und Fagin. Diese Substanzen sitzen in der dünnen braunen Haut, die das Nüsschen unter der Schale umgibt. Größere Mengen Bucheckern, roh verzehrt, können daher Kopfweh und Übelkeit verursachen. Durch Erhitzen, Einwässern und Rösten oder Darren werden diese Inhaltsstoffe zerstört und so konnten und können Bucheckern dann in großen Mengen völlig bedenkenlos verarbeitet werden. Sie wurden in Brot und Kuchen mitgebacken, aber auch Öl und sogar Kaffee wurde aus ihnen hergestellt.

Bucheckern schmecken roh und geröstet sehr gut nach Nüssen. Man kann sie im Ganzen und gehackt über Salate und Gemüse streuen und in Teigtaschen verarbeiten. Gesalzen und geröstet, ergeben sie eine außergewöhnliche Knabberei, aber auch delikate Pralinen, wenn man die gerösteten Nüsschen in Schokolade taucht und als Nusshäuflein trocknen lässt. Auch Karamellzuckerln lassen sich herstellen, indem man die Bucheckerln mit Zucker karamelisiert.

Bucheckern kann man ganz unterschiedlich genießen.

Aus gemahlenen Bucheckern lässt sich ein herrliches „Wald-Pesto" bereiten, wobei man statt Pinienkernen Bucheckern und statt Basilikum Bärlauch verwendet.

Unsere Lieblingsrezepte

Bucheckern-Lachs-Tascherln (ergibt etwa 18 Stück)

640 g Mürbteig für Strudel (nach dem Grundrezept, S. 38)
1 Ei

Fülle:

250 g Lachsfilet, in feine Würfel geschnitten
40 g geröstete, geschälte Bucheckern
1 roter Paprika
150 g gehackte Zwiebeln
1 EL Olivenöl
Salz und Pfeffer nach Geschmack

Der Paprika wird in kleine Würfel geschnitten und mit den Lachsstückchen und der gehackten Zwiebel im Öl langsam geröstet. Rühren Sie dann die Bucheckern ein und würzen Sie die Masse.

Aus dem ausgerollten Strudelteig werden Quadrate von etwa 10 cm Seitenlänge zugeschnitten und halbseitig mit der Fülle belegt. Dann werden sie am Rand mit Ei bestrichen und zusammengeklappt. Die Tascherln werden darauf fein mit Eidotter bestrichen und bei 220 °C im vorgeheizten Backrohr etwa 20 Minuten goldbraun gebacken. Servieren Sie die Bucheckerl-Lachs-Tascherln heiß mit süß-sauer Eingelegtem.

Süß-sauer Eingelegtes passt gut zu den Tascherln.

Karamellzuckerln mit Bucheckern

250 g brauner Zucker oder Honig
125 g Butter
Walnussstückchen
300 g Bucheckern oder gemischte Nüsse, wie Pistazien, Bucheckern, gehackte Mandeln und Haselnüsse

Butter und Zucker oder Honig werden in einer Pfanne erhitzt und etwa 10 Minuten unter ständigem Rühren karamellisiert. Die zuvor gerösteten und geschälten Buckeckern oder gemischten Nüsse werden zum Karamell gegeben und noch 1–2 Minuten mitkaramellisiert.

Prüfen Sie die Festigkeit, indem Sie eine kleine Menge auf einem Löffel hart werden lassen, und geben Sie bei Bedarf noch geriebene Nüsse bei. Dann wird die Masse auf einem geölten Backblech etwa 1 cm dick verstrichen und noch während des Abkühlens in mundgerechte Stückchen geschnitten.

November

Hier finden Sie:

Zierquitte

Eberesche, Vogelbeere

Herbsttrompete

Hahnendorn

Zierquitte *(Chaemomeles japonica)*

Botanische Merkmale und Standort

Die Zierquitte stammt aus Japan und China und wurde in Europa um 1900 als Zierpflanze eingebürgert. Sie ist ein attraktiver, bis 2 m hoher, sparriger Strauch mit dekorativen, leuchtend roten oder orangeroten, etwa 4 cm großen Schalenblüten, die im März/April vor dem Laub büschelweise erscheinen, und leuchtend gelben, kugeligen, etwa 6 cm großen Früchten, die oft bis zum Jänner am Strauch verbleiben. Der Strauch ist sommergrün, und seine breit-eiförmigen, 5 cm langen Blätter stehen wechselständig am Ast. Die Zierquitte findet sich in Gärten, öffentlichen Anlagen und verwilderten Obstgärten, wo sie ihres Schmuckwertes wegen gepflanzt wird. In den letzten Jahren kamen auch Obstsorten der Zierquitte (z. B. „Cido") auf den Markt.

Pflückhinweise und Sammeltipps

Sammeln Sie die gelben, reifen Zierquitten im Oktober, indem Sie diese vom Ast drehen oder die herabgefallenen Früchte vom Boden einsammeln. Wenn Sie mit offenen Augen durch die Gärten Ihrer Freunde gehen, entdecken Sie sicherlich einige Zierquittensträucher oder haben Sie gar selbst einen in Ihrem eigenen Garten?

Verwendung in der Wildfrüchteküche

Die kugelförmigen, gelben oder gelbgrünen Zierquitten haben eine glattschalige, etwas fettige Haut und duften äußerst aromatisch. Sie sind hart und sehr sauer. Daher eignen sie sich auch nicht für den Rohverzehr, sondern ausschließlich zur Herstellung von Sirup, Gelee und Fruchtkäse. Man kann auch getrocknete Zierquittenstückchen herstellen, da diese einen geschmacklich sehr blumigen, leicht säuerlichen Tee ergeben, der sich auch mit anderen Früchten mischen lässt und viel Vitamin C enthält.

Herbstliches Arrangement mit Maroni, Ebereschen und Hahnendorn

Unsere Lieblingsrezepte

Zierquittenmarzipan

Quittengelee aus
250 ml Quittensirup
2 EL Pektin
150 g Rohmarzipan
100 g Bitterschokoladen-Kuvertüre
2 EL feinst gehackter Zitronenthymian, Gundelrebe oder Zitronenmelisse

Schmelzen sie die Kuvertüre im Wasserbad.

Für das Quittengelee wird der Quittensirup mit 2 EL Pektin eingekocht, bis er so stark geliert, dass die Gelierprobe sofort fest wird. Nun gießt man die Masse 5 mm dick auf ein mit Speisefolie ausgelegtes Backblech und lässt sie fest werden. Das Marzipan wird mit den gehackten Kräutern verknetet und mit Hilfe von 2 Stück Plastikfolie zu einem 10 x 10 cm großen Stück ausgerollt. Die Kuvertüre wird im Wasserbad geschmolzen und satt in einem 10 cm großen Quadrat auf Plastikfolie gestrichen. Das Marzipan wird auf die noch flüssige Schokolade gelegt, dann wird auch die Oberseite mit der flüssigen Kuvertüre bestrichen. Darauf wird nun ein gleich großes Stück Quittengelee gelegt und zum Auskühlen eine Stunde beiseite gestellt. Schneiden Sie die Konfektmasse mit einem heißen, feuchten, scharfen Messer in 1 x 1 cm kleine Quadrate und überziehen Sie diese mit dünnen Kuvertüre-Linien.

Kir-Quitte

Quittensirup wird mit eingekühltem Sekt im Verhältnis 1:3 aufgespritzt und kühl serviert.

Zierquittenpaste

200 g entkernte Zierquitten
200 g Zucker

Die Zierquitten werden mit etwas Wasser und dem Zucker weich gekocht. Wenn sie nicht von selbst zerfallen, können sie mit dem Stabmixer püriert werden. Dann wird das Mus eingekocht, bis es dickflüssig ist, und in kleine Gläser gefüllt. Zierquittenpaste ist sehr intensiv und sauer im Aroma und wird als Dekoration für Eis und zur Konfektherstellung verwendet. Sie kann aber auch, sparsam auf Butter-Toast und frische Croissants gestrichen, ein besonderer Genuss sein.

Quittengelee-Konfekt

120 g weiße Schokolade
30 Stück verzuckerte, lilafarbene Fliederblüten
40 g Zierquittenpaste
30 kleine Konfektförmchen

Die Schokolade wird im Wasserbad geschmolzen und danach die Zierquittenpaste untergerührt. Die 30 zuvor in einer flachen Schachtel aneinander gestellten Konfektförmchen werden nun mit der Masse zu etwa 2/3 gefüllt. Die verzuckerten Blüten werden erst kurz vor dem Erhärten auf das Konfekt gelegt, damit sie nicht untergehen.

Konfekt (hier Quittengelee-Konfekt) lässt sich besonders schön auf Naturmaterialien drapieren.

Quittensirup

1,5 kg Quitten
2 l Wasser
500 g Zierquitten
1 kg brauner Zucker

Die gewaschenen Quitten und Zierquitten werden in mittelgroße Stücke geschnitten, die mit dem Zucker und dem Wasser 2 Stunden leicht geköchelt werden. Eventuell muss Wasser nachgegossen werden. Dann wird der Sirup durch ein Sieb gegossen und der Rückstand gut ausgepresst. Danach wird der Sirup nochmals aufgekocht und heiß in Flaschen mit Schraubverschluss gefüllt.
Tipp: Verwenden Sie den Quittensirup zum Übergießen von Pudding-Gerichten und Eis sowie zur Konfektherstellung.

Eberesche, Vogelbeere *(Sorbus aucuparia)*

Botanische Merkmale und Standort

Die Eberesche ist ein bis zu 25 m hoher Baum mit gefiederten Blättern. Die länglich-spitzen Einzelblättchen sitzen meist zu elft an einem kräftigen, sehr langen Blattstiel und färben sich im Herbst blutrot. Sie trägt im Mai weiße Blütendolden, die den Zweigenden entspringen, aus welchen sich erbsengroße, kugelige, leuchtend orangerote Früchte mit herbem, saurem Geschmack entwickeln. Die Eberesche ist ein weit verbreiteter Baum, der an Waldrändern und in Schlägen gedeiht und auch häufig als Allee- und Parkbaum verwendet wird.

Pflückhinweise und Sammeltipps

Sammeln Sie die Früchte, die sich bequem als Fruchtdolden abernten lassen, im November nach dem ersten Frost, weil sie dann milder im Aroma sind.

Verwendung in der Wildfrüchteküche

Sowohl das Ebereschengelee als auch der frische bzw. konservierte Saft schmecken herrlich, wobei der Geschmack der Wildform deutlich bitterer ist als der von Zuchtformen (Edel-Eberesche). Besonders aromatisch schmeckt die Kombination von Ebereschen mit Äpfeln zu gleichen Teilen in Form von Mus, Gelee oder Kompott, da sich der milde Apfel- und der sauer-fruchtige Ebereschengeschmack gut ergänzen. Durch die Beigabe von Honig wird das Aroma noch abgerundet. Ebereschensirup, -likör und -schnaps sind beliebte und auch gesunde Getränke, bei denen das Bitteraroma sogar attraktiv schmeckt. Auch in der Volksheilkunde finden die Ebereschenbeeren wegen ihres hohen Vitamin-C-Gehaltes Verwendung.

Unsere Lieblingsrezepte

Ebereschensirup

300 g Ebereschen
300 ml Wasser
200 g Zucker

Die von den Dolden gezupften Ebereschenfrüchte werden etwa 1 Stunde im Zuckerwasser gekocht, dann wird der Ansatz noch eine Stunde ziehen gelassen. Anschließend wird der Sirup abgeseiht und die Früchte ausgepresst, dann wird er nochmals aufgekocht und heiß in Flaschen abgefüllt.

Tipp: Dieser Sirup kann zu geschmacklich interessanten, vitaminreichen Cocktails und Heißgetränken gemischt werden.

Kann mit Cocktails oder Heißgetränken gemischt werden.

Ebereschen-Orangen-Cocktail

500 ml frisch gepresster Orangensaft
Eiswürfel
250 ml Ebereschensirup
1 Schuss weißer Rum

Alle Zutaten werden vermixt und etwas eingekühlt. Servieren Sie den Cocktail in hübschen Gläsern, die mit einem Zuckerrand dekoriert sind. Der Ebereschen-Orangen-Cocktail schmeckt besonders im Sommer erfrischend und ist schnell gemixt.

Vogelbeerlikör

200 g Ebereschenfrüchte
Schale von 2 unbehandelten Zitronen
200 g Kandiszucker
½ Zimtstange
1 l Obstschnaps

Die Ebereschenfrüchte werden in einer Gusseisenpfanne bei schwacher Hitze leicht angeröstet, dann werden sie zum Auskühlen beiseite gestellt. Anschließend werden alle Zutaten in einen Glasbehälter mit weitem Rand gefüllt, der gut verschlossen wird und den man 14 Tage in die Sonne stellt.

Danach wird der Vogelbeerlikör durch ein Sieb und anschließend durch einen Kaffeefilter gegossen, in Flaschen abgefüllt und gut verschlossen kühl gelagert.

Herbsttrompete *(Craterellus cornucopioides)*

Botanische Merkmale und Standort

Der braunschwarze Pilz ähnelt in seiner Form dem Eierschwammerl, das auch trompetenartig aussieht und einen trichterförmigen, unregelmäßig gelappten, welligen Rand hat, der bis zu 10 cm breit wird. In getrocknetem Zustand sieht der Pilz dunkelgrau aus. Im Unterschied zum Eierschwammerl ist der Stiel innen bis zum Grund hohl und ohne Leisten. Er ist auch viel dünnwandiger. Der leichte, würzige Pilzduft ist sehr angenehm.

Herbsttrompeten wachsen dichtbüschelig zwischen altem Laub, besonders unter Kiefern, und sind ab September zu finden. Anfangs ist es etwas schwierig, zwischen all den bunten Blättern die dunklen Pilze zu erkennen, aber wenn der Blick einmal geschult ist, finden Sie am richtigen Standort einen neben dem anderen.

Pflückhinweise und Sammeltipps

Richten Sie große Sorgfalt auf das Reinigen der frisch gesammelten Pilze, bevor Sie diese in den Sammelkorb legen, da kleine Tiere bis zum Stängelgrund klettern und auch Erde und Nadeln bis dahin vordringen. Große Pilze können der Länge nach halbiert werden, um sie leichter zu reinigen. Alte und junge Pilze lassen sich leicht voneinander unterscheiden: Die alten sind lange nicht so elastisch, brechen leicht und sind auch oft schwammig und nass. Sammeln Sie lieber die jungen Exemplare. Herbsttrompeten sollten keinesfalls gewaschen werden, damit sie ihr zartes Aroma nicht verlieren!

Sammeln Sie lieber die jungen Pilze.

Verwendung in der Wildfrüchteküche

Den schönsten Namen hat dieser aromatische Pilz im Englischen, wo er „Horn of Plenty" (Füllhorn) genannt wird. Seine schwarze Farbe macht ihn sehr interessant für die Kombination mit orangerotem Kürbis, buntem Paprika und gelben Eierschwammerln. Der angenehme Duft und auch das Aroma der Herbsttrompeten sind im Vergleich zum pfeffrigen Eierschwammerl eher zart-feinwürzig. Sie eignen sich sowohl zur Herstellung von Saucen und Füllungen für Strudel und Teigschüsseln als auch als Suppeneinlage und eingelegt als Essigpilz oder süß-sauer als Beigabe zu Antipasti-Tellern oder Brötchen. Eine ganz besondere Kreation ist das Herbsttrompeten-Birnen-Kompott, das sehr gut zu Wildgerichten und kaltem Geflügel passt.

Duft und Aroma sind eher zart-feinwürzig.

Unsere Lieblingsrezepte

Herbsttrompeten, süss-sauer eingelegt

250 g Herbsttrompeten, frisch oder getrocknet und über Nacht eingeweicht
60 g Honig
200 ml Wasser oder Einweichwasser der Pilze
40 ml Apfelessig
2 süße Birnen
etwas Salz, Rosmarin, Koriander, Gewürznelken, Thymian und Galganth

Alle Zutaten mit Ausnahme der Birnen werden 30 Minuten leicht gekocht, dann werden die in Spalten geschnittenen, vom Kerngehäuse befreiten Birnen je nach Festigkeit ca. 3 Minuten mitgekocht und dann entnommen. Die Pilzmischung (ohne Birnen) wird nun heiß in Gläser gefüllt, mit der Flüssigkeit übergossen und einige Tage, zumindest aber über Nacht, ziehen gelassen, bevor man sie verzehrt.

Lassen Sie die Mischung einige Tage ziehen.

Tipp: Süß-sauer eingelegte Herbsttrompeten passen hervorragend auf einen gemischten Antipasti-Teller mit frischem Weißbrot, auf exquisite Brötchen mit Camembert, aber auch auf Salatteller.

Herbsttrompeten-Schiffchen (ergibt 8 Schiffchen)

8 Mürbteigschiffchen
2–3 Frühlingszwiebeln oder Schalotten
4 EL Butter
1 EL Mehl
Salz und Pfeffer
300 g frische Herbsttrompeten oder 40 getrocknete (einige Stunden eingeweicht)
50 g Schinken, fein geschnitten
3 Tropfen Tabasco
1 EL gehackte Petersilie oder Giersch

Die Zwiebeln werden in der Butter angedünstet, bis sie halb gar sind, dann werden der Schinken und die Pilze zugefügt und gebraten, bis die Zwiebeln gar sind. Nun wird das Mehl eingerührt und die Mischung noch zwei Minuten weitergegart. Fügen Sie anschließend unter ständigem Rühren tropfenweise so viel Flüssigkeit (Milch oder das Einweichwasser der Pilze) ein, bis eine dickflüssige Mischung entsteht, und würzen Sie mit Tabasco, Salz, Pfeffer und Petersilie. Die Pilzmischung wird in die Mürbteigschiffchen gefüllt und im vorgeheizten Backrohr bei 190 °C 10 Minuten gebacken, bis sie goldbraun sind.

Tipp: Servieren Sie die Herbsttrompeten-Schiffchen frisch und noch warm aus dem Backrohr.

Herbsttrompeten-Birnen-Kompott

Aus denselben Zutaten wie die süß-sauer eingelegten Herbsttrompeten (S. 181) kann auch ein Kompott hergestellt werden, hierfür wird die gekochte Pilz-Birnen-Mischung nach einer Ruhezeit von 24 Stunden in Kompottschalen angerichtet.

Gelb-Schwarze Pilze in Öl

250 g Herbsttrompeten, frisch oder getrocknet und über Nacht eingeweicht
60 g Honig
15 Gewürznelken
2 EL gehackter Estragon
250 g frische Eierschwammerln
200 ml Weißwein
200 ml Apfelessig
etwas Salz und Koriander
2 EL gehackter Liebstöckel
Olivenöl zum Bedecken der Pilze

Alle Zutaten werden 20 Minuten leicht gekocht, dann werden die Pilze abgeseiht und zum Auskühlen weggestellt. Die abgekühlte, mit reichlich Olivenöl verrührte Pilzmischung wird nun in Gläser gefüllt und anschließend mit Olivenöl übergossen, so dass die Pilze völlig bedeckt sind. Lassen Sie die gelb-schwarzen Pilze einige Tage, zumindest aber über Nacht, ziehen, ehe sie verzehrt werden.

Hahnendorn *(Crataegus crus-galli)*

Botanische Merkmale und Standort

Der Hahnendorn ist ein mit dem Weißdorn eng verwandter kleiner Baum oder Strauch von bis zu 10 m Höhe. Seine starken Dornen werden bis zu 8 cm lang. Die glänzenden, lederartigen Blätter färben sich im Herbst orangerot, sind rundlich und am Rande gesägt. Aus den großen, weißen Früchten entwickeln sich stumpf-orangerote Früchte mit gelbem, leicht mehligem Fruchtfleisch, in das drei längliche Kerne eingebettet sind. Der Hahnendorn wird wegen seines auffälligen, leuchtend orangeroten Fruchtschmuckes, der nach dem Laubfall besonders in Erscheinung tritt und lange auf den Bäumen bleibt, gerne in Parks, Gärten und als Alleebaum gepflanzt. Verwildert ist er eher selten anzutreffen.

Pflückhinweise und Sammeltipps

Der Hahnendorn ist mir aus folgenden Gründen ein sehr lieber Baumfreund: Erstens reifen seine Früchte erst im November richtig aus und man kann ihn auch im Dezember sammeln, wenn nach der arbeitsreichen Herbstzeit wieder etwas mehr Muße und Sammellust eingekehrt ist. Zweitens sind seine leuchtendroten Früchte nicht nur eine Augenweide beim Sammeln und für die Dekoration, sondern sie schmecken auch noch äußerst delikat, leicht säuerlich und fruchtig. Drittens lassen sich die Früchte zu sehr dekorativen kandierten Früchten und anderen Speisen verarbeiten.

Die Früchte des Hahnendorn schmecken sehr delikat.

Verwendung in der Wildfrüchteküche

Die Früchte des Hahnendornes sind relativ fest und haben im Inneren drei längliche Kerne. Um Fruchtmus herzustellen, welches wie ein Mittelding zwischen Sanddorn und Hagebutte ganz köstlich schmeckt, sind die Früchte fast zu attraktiv. Es ist empfehlenswerter – außer Sie haben wirklich große Mengen zu verarbeiten –, die Früchte im Ganzen zu kandieren, zu glasieren oder sie einfach frisch zu essen. Sie halten sich recht lange und verzieren Obstschalen oder vorweihnachtliche Buffet-Arrangements mit Datteln, Mandarinen und Granatäpfeln auf das Perfekteste.

Unser Lieblingsrezept

Kandierter Hahnendorn

500 g Hahnendorn mit etwa 1 cm langen Fruchtstängeln
1 kg Honig

Der Honig wird in einen Edelstahltopf gefüllt und zum Sieden gebracht. In den heißen, flüssigen Honig werden nun die Hahnendornfrüchte eingelegt und vorsichtig 10 Minuten geköchelt. Dann werden sie vom Herd genommen, zum Auskühlen beiseite gestellt und am nächsten Tag nochmals erhitzt. Danach werden sie aus dem heißen Honig genommen und zum Trocknen für mehrere Tage auf ein Metallgitter oder einen schräg gestellten Teller gelegt. Die kandierten Früchte werden in luftdichten, flachen Gefäßen gelagert.

Lassen Sie die Früchte mehrere Tage trocknen.

Weitere nutzbare Wildfrüchte und Giftpflanzen

Weitere nutzbare Wildfrüchte, die uns aber geschmacklich nicht überzeugen konnten, sind:

Traubenkirsche (*Prunus padus*), **Lampionblume** (*Physalis alkekengi*), **Gewöhnlicher Schneeball** (*Viburnum opulus*) und **Ölweide** (*Eleagnus* sp.). Sie alle wurden von unseren Vorfahren und in der Volksheilkunde teils intensiv genutzt, konnten uns aber aus den unterschiedlichsten Gründen – meist wegen ihres bitteren oder unattraktiven Aromas – nicht so begeistern, dass wir sie in diesem Buch mit Rezepten zum Nachkochen vorstellen wollen.

Da ich finde, dass das Wissen über potentiell nutzbare Pflanzen wenigstens ansatzweise weitergegeben werden sollte – so haben Sie wenigstens die Möglichkeit zu experimentieren –, möchte ich ihnen diese Früchte aber auch nicht gänzlich vorenthalten und habe sie im Folgenden kurz charakterisiert und in ihrer traditionellen Verwendbarkeit beschrieben.

In den meisten Fachbüchern sind Lampionblume, Schneeball und Traubenkirsche als giftig verzeichnet, was mir als ein trauriger Beweis dafür erscheint, wie viel vom Wissen unserer Großeltern bereits verlorengegangen ist: Das Gebrauchswissen wird aus seinem Zusammenhang gelöst, weil nicht einmal mehr die Fachbuchverfasser selbst Früchte sammeln und verarbeiten, andernfalls wüssten sie, dass die Giftstoffe durch das Kochen dieser Früchte in unschädliche Substanzen umgewandelt

Viele Pflanzen enthalten roh Gifte, können gekocht aber verzehrt werden.

werden, was unsere Vorfahren über Jahrhunderte praktizierten. So können sie auch unbedenklich genossen werden. Viele von uns genutzte Gemüsearten enthalten im rohen Zustand ebenfalls Gifte, die durch Kochen in verträgliche Substanzen umgewandelt werden, so zum Beispiel Bohnen und Kartoffeln.

Auch Früchte mit giftigen Kernen, wie beispielsweise der Rote Holunder, die Traubenkirsche und die Steinweichsel, wurden und werden verwendet, nachdem die Früchte entkernt sind.

Gift ist bekanntlich auch immer eine Frage der Dosis, wie Sokrates bereits formulierte: „Die Dosis macht das Gift." „Giftige" Pflanzenteile enthalten eben zu hohe Dosen von für uns unverträglichen Stoffen. Die Dosis und die Unverträglichkeit variieren nicht nur von Art zu Art (für verschiedene Tierarten sind die unterschiedlichsten Stoffe giftig), sondern auch von Individuum zu Individuum. So reagieren eben manche Menschen auf einen bestimmten Inhaltsstoff empfindlicher als andere.

Die vorhin aufgezählten Pflanzen sind – in überschaubaren Mengen genossen – ohne Nebenwirkungen genießbar, sie können im beschriebenen Rahmen ohne Weiteres zum Experimentieren und Nachkochen gesammelt werden, denn die Geschmäcker sind ja bekanntlich verschieden.

Dies bedeutet jedoch nicht, dass die Früchte aller Pflanzen, die Sie auf Ihren Wanderungen entdecken, auch dahingehend getestet werden sollen, ob sie sich zum Verzehr eignen. **Tollkirsche** (*Atropa belladonna*), **Maiglöckchen** (*Convallaria majalis*), **Roter Fingerhut** (*Digitalis purpurea*), **Herbstzeitlose** (*Colchicum autumnale*), **Stechapfel** (*Datura stramonium*), **Seidelbast** (*Daphne* sp.), **Bilsenkraut** (*Hyoscyamus niger*) u. a. wurden schon von unseren Vorfahren als äußerst giftige Pflanzen erkannt und ausschließlich von Kräuter- und Heilkundigen zur Herstellung von Arzneien und Rauschmitteln verwendet, die nur Wenigen zugänglich waren. Mit diesen überlieferten Erfahrungen sollten wir uns bei den eben genannten Pflanzen begnügen.

Fingerhut, Tollkirsche und Herbstzeitlose (v.l.n.r.)

Anhang

Literaturverzeichnis

Aichele/Golte-Bechtle	Was blüht denn da?, Kosmos Verlag, 1986
Colditz, G.	Früchte einkochen, Ulmer Verlag, 1991
Couplain, F.	Wildpflanzen in der Küche, AT Verlag, 1997
Lestrieux/Belder	Der Geschmack von Blumen und Blüten, DuMont Verlag, 1993
Mayer, E.	Wildfrüchte, -gemüse -kräuter, Erkennen, Sammeln & Genießen, Leopold Stocker Verlag, 2011
Marti, O.	Sommer in der Küche, Hallwag Verlag, 1994
Obermair, Schneider	Obst haltbar machen, Leopold Stocker Verlag, 2011
Pirc, H.	Wildobst im eigenen Garten, Leopold Stocker Verlag, 2009
Rothmaler, W.	Exkursionsflora, Volk und Wissen, 1976
Samwald, M.	Dörren, Ulmer Verlag, 1997
Willfort, R.	Gesundheit aus Heilkräutern, R. T. Verlag, 1995

Glossar

Erklärungen österreichischer Ausdrücke

Aranzini	überzuckerte oder mit Schokolade überzogene gekochte Orangenschalen
Asperl	Mispel
Blaukraut	Rotkohl
Bohnschoten	grüne Gartenbohnen, Fisolen
Brösel	Krümel, Bröckchen
Bucheckern	dreikantige Früchte der Buche
Dirndl	Kornelkirsche
Eierschwammerln	Pfifferlinge
Germ	Hefe
Grillage	geröstete, kandierte Mandeln, Nüsse etc.
Häferl	Tasse
Holler	Holunder
Kokosette	Kokosflocken
Krapferl	Kräpfchen
Kriecherl	Kirschpflaume
Marille	Aprikose
Maroni	Edelkastanie
Palatschinken	Pfannkuchen
Preiselbeere	Kronsbeere
Ribisel	Johannisbeere
Schlagobers, Süßrahm	Schlagsahne
Schüsserl	kleine Schüssel
Schwarzbeeren	Heidelbeeren
Stanitzel	spitz zusammengedrehte Tüte
Teigtascherl	Teigtäschchen
Topfen	Quark
Vogelbeere	Eberesche
Weichsel	Sauerkirsche
Zitronat	kandierte Fruchtschale einer Zitronenart
Zwetschke	Pflaume

Küchenausdrücke

Abbröseln	Mehl und Fett zu einer bröseligen Masse verarbeiten
Agar-Agar	schleimhaltiger Stoff aus Rotalgen; dient als Geliermittel

Chutney	Paste aus zerkleinerten Früchten bzw. Gemüse mit Gewürzansätzen
Crêpe	sehr dünner Eierkuchen
Dörren	Gemüse oder Obst trocknen
Dressieren	formen, zurichten
Fondant	Glasurzucker
Frittieren	in heißem Fett herausbacken
Garnieren	verzieren
Kandieren	Früchte mit einer Zuckerlösung überziehen und dadurch haltbar machen
Karamell	gebrannter Zucker
Konfekt	Pralinen
Kuvertüre	helle und dunkle; Überzugsmasse für Gebäck oder Konfekt aus Kakao, Kakaobutter und Zucker bzw. Schokolade
Marinieren	in eine Marinade (Würzsauce, Beize) einlegen
Mousse	schaumartige Süßspeise
Parfait	halb gefrorenes Speiseeis
Passieren	durch ein feines Sieb pressen
Pasteurisieren	auf 75 °C erhitzen
Pektin	natürlicher Gelierstoff
Sorbet	geeistes Obstpüree
Sterilisieren	keimfrei machen, auf 100 °C erhitzen
Terrine	Pastete ohne Teighülle
Wasserbad	fertige Speisen zugedeckt in einen großen Topf mit heißem Wasser stellen, damit sie warm bleiben

Achtung

Beachten Sie bei der Verarbeitung der angeführten Wildfrüchte eventuell enthaltene Giftstoffe, z. B. giftige Kerne – diese sollten vor der Verarbeitung entfernt werden. Achten Sie beim Sammeln auf Verwechslungsmöglichkeiten mit anderen giftigen Pflanzen! Diesbezügliche Hinweise finden sich bei den einzelnen Wildfrüchteporträts.

Rezeptregister